INTERVENIR DANS UNE RÉUNION EN ANGLAIS COMME EN FRANÇAIS

TAKING THE FLOOR IN MEETINGS IN FRENCH AS WELL AS IN ENGLISH

Éditions d'Organisation
1, rue Thénard
75240 Paris Cedex 05
www.editions-organisation.com

DES MÊMES AUTEURS
CHEZ LE MÊME ÉDITEUR

Secrétaires, communiquez mieux en anglais / Secretaries, communicate better in French.

Conduire une réunion en anglais comme en français / Chairing meetings in French as well as in English.

DANGER

LE PHOTOCOPILLAGE TUE LE LIVRE

Le code de la propriété intellectuelle du 1er juillet 1992 interdit en effet expressément la photocopie à usage collectif sans autorisation des ayants droit. Or, cette pratique s'est généralisée notamment dans l'enseignement, provoquant une baisse brutale des achats de livres, au point que la possibilité même pour les auteurs de créer des œuvres nouvelles et de les faire éditer correctement est aujourd'hui menacée.

En application de la loi du 11 mars 1957 il est interdit de reproduire intégralement ou partiellement le présent ouvrage, sur quelque support que ce soit, ns autorisation de l'Éditeur ou du Centre Français d'Exploitation du Droit de Copie – 20, rue des ands Augustins – 75006 PARIS.

© Éditions d'Organisation, 1992,1997, pour l'édition originale

© Éditions d'Organisation, 1999, 2003, pour la nouvelle présentation

ISBN : 978-2-7081-2906-1

Bénédicte LAPEYRE • Pamela SHEPPARD

INTERVENIR DANS UNE RÉUNION EN ANGLAIS COMME EN FRANÇAIS

TAKING THE FLOOR IN MEETINGS IN FRENCH AS WELL AS IN ENGLISH

édition bilingue

Nouvelle présentation, 2003

**Éditions
d'Organisation**

How to use
this book

This book is for those who have to take part and speak in meetings. Its aim is two fold :

- to help you to present information clearly,

- to enable you to respond in all types of meeting situations.

If you can present a project, a programme or a situation clearly, you will save your audience considerable time, and if you can react quickly, you will be able to impose your view.

This book has two parts. The first deals with the presentations that are made in professional life. These can be long presentations of information in the form of reports, comments, analyses or forecasts. The second part consists of shorter contributions, usually relating to what has just been said : giving an opinion, welcoming a statement, asking for clarification, etc.

Comment utiliser
ce livre

Ce livre s'adresse à tous ceux qui doivent participer et intervenir en réunion. Il poursuit un double objectif :
- permettre de présenter clairement un certain nombre de données,
- réagir à toutes les formes d'intervention.

En présentant clairement un projet, un programme, une situation vous ferez gagner un temps considérable à ceux qui vous écoutent, en réagissant avec rapidité vous saurez imposer votre point de vue.

Ce livre est divisé en deux parties. La première partie est consacrée aux présentations rencontrées dans la vie professionnelle. Il s'agit là d'interventions longues qui peuvent être des exposés, des commentaires, des analyses ou des prévisions. La deuxième partie est composée d'interventions plus courtes liées le plus souvent à ce qui a été dit précédemment : donner son avis, accueillir favorablement, demander des précisions etc.

You will find here not only the most frequently encountered phrases and expressions, but also advice on how best to use them at the most appropriate time. The English text faces the French for ease of reference, but you will rarely find a word for word translation, since our main aim has been to respect differences of culture and approach, and present what an English speaker or a French speaker would be likely to say in the same situation.

Vous trouverez non seulement les phrases et les expressions qui sont les plus employées, mais également des conseils sur la façon de les utiliser au moment le plus opportun. Les textes français et anglais ont été placés face à face. Une grande liberté a été prise parfois avec la traduction, mais il s'agissait avant tout, de rendre ce que dirait un Francophone et ce que dirait un Anglophone dans la même situation avec leur culture et leur approche personnelles.

Introduction

To succeed in professional life, it is no longer just enough to know your job well. Many competent people are overlooked when it is time to give responsibility simply because they do not present themselves well in meetings.

It is here that communication and problem-solving skills are best brought to light and assessed by superiors. People are judged not only on how efficient they are at their job, but how well they communicate and interact with others.

Today there is the additional difficulty of communicating in a foreign language. To be able to display the same qualities of communication : confidence, succinctness, tact, assertiveness and, occasionally, humour in a foreign language may seem an unattainable goal.

This self-learning book endeavours to put that goal within your reach by combining tips on good communication with the words and expressions that you will need to put theory into practice.

Introduction

Pour réussir dans la vie professionnelle, il ne suffit plus de bien connaître son travail. Beaucoup de personnes compétentes sont mises à l'écart quand il s'agit de leur confier des responsabilités uniquement parce qu'elles ne sont pas à l'aise dans les réunions.

C'est là que les dons de communicateurs et l'aptitude à résoudre les problèmes sont mis au grand jour et remarqués par les supérieurs. On ne juge plus seulement sur l'efficacité dans le travail mais aussi sur la façon de communiquer et d'agir avec les autres.

Aujourd'hui vient s'ajouter la difficulté de communiquer dans une langue étrangère. Montrer en même temps des qualités de confiance, de concision, de tact, d'assurance et occasionnellement d'humour semble un objectif impossible.

Ce livre d'auto-apprentissage essaie de mettre cet objectif à portée de main en alternant les conseils en communication avec les mots et les expressions dont vous aurez besoin pour passer de la théorie à la pratique.

PART I

PRESENTING
INFORMATION

Whatever the style of meetings you attend : large or small, formal or informal, regardless of whether the purpose of the meeting is to seek, exchange information, to debate, or to reach agreement, a key area is the presentation of information.

You may be required to give an objective presentation of the facts so that proposals can be discussed, you may be asked to give your personal view or that of the body you represent. Sometimes formal reports must be presented for approval. On other occasions you may be called upon to give a forecast or an analysis of data or to present a case.

Good presentation skills are essential for those taking part in meetings. Succinctness, precision and clarity should be the guiding principles whatever the type of information you have to convey.

PARTIE I

PRÉSENTER
DES INFORMATIONS

Quel que soit le style de la réunion à laquelle vous assistez : petite ou grande, formelle ou informelle, quel que soit le but de la réunion : chercher, donner, échanger des informations, discuter, chercher un accord, la présentation des arguments représente une partie importante.

On peut vous demander une présentation objective des faits de façon à pouvoir discuter les propositions. On peut vous demander de donner votre point de vue personnel ou celui des instances que vous représentez. Parfois ce sont des rapports formels qui doivent être soumis pour approbation. En d'autres occasions, on peut vous demander de faire des prévisions, une analyse de données ou un exposé des faits.

Quand on participe à une réunion une bonne présentation des faits est essentielle. La concision, la précision, la clarté doivent être les principes de base dans toutes les informations à communiquer.

In the words of Harold Wilson, meetings can "take minutes but waste years". Time, patience and deals will be lost if a speaker is long-winded, imprecise or if he simply fails to arouse interest in what he is saying.

A good communicator is a person who is listened to because it is easy to follow him or her, because he or she succeeds in establishing rapport with the audience and makes what he or she has to say meaningful and purposeful for the listener.

In the presenter's mother tongue, this is achieved to a large extent through words. When working in a second or foreign language, considerably more attention must be paid to the words themselves to achieve the required ease of communication and to keep your audience's attention.

Dans la phrase d'Harold Wilson, les réunions peuvent « prendre quelques minutes et faire perdre des années ». Le temps, la patience et les affaires peuvent être perdus si un participant est long et imprécis ou si, tout simplement, il n'arrive pas à éveiller l'intérêt par ses paroles.

Un bon communicateur est quelqu'un que l'on écoute parce qu'il est facile à suivre, parce qu'il réussit à établir des rapports avec le public et enfin, parce qu'il rend ce qu'il dit cohérent et logique.

Dans sa langue maternelle, on y parvient essentiellement grâce aux mots justes. Quand on travaille dans une deuxième langue ou une langue étrangère, il faut apporter une beaucoup plus grande attention aux mots eux-mêmes si on veut acquérir l'aisance nécessaire et maintenir éveillée l'attention de ceux qui vous écoutent.

Chapter 1
Starting off

Generally speaking one is well advised to take the floor early on in a meeting so as to contribute to defining the debate. If you wait too long to speak, it may be more difficult to influence the discussion and bring people round to your way of thinking.

Your tone as you take the floor for the first time should convey self-confidence. Bearing in mind that the way a message is received depends on the way your personality is perceived, ensure that by your body language you show that you are in control.

Introducing yourself

In some meetings you may be asked to introduce yourself; these will be your first words. Be brief and to the point:

● *My name is ...... I'm here to represent the Legal Department/ I have been sent by the Legal Department to present the annual report/Mr. Freeman has appointed me to attend this meeting as an observer/I have been asked to give the department's viewpoint.*

Chapitre 1
Au début

En règle générale, on a intérêt à prendre la parole dans la phase initiale d'une réunion afin de pouvoir contribuer à orienter le débat. Si vous tardez trop à parler, vous aurez peut-être plus de difficultés à influencer le cours de la discussion et à amener les participants à partager votre point de vue.

Quand vous prenez la parole pour la première fois, votre ton doit montrer que vous êtes sûr de vous. N'oubliez pas que la manière dont est reçu un message dépend de la perception qu'on a de votre personnalité, faites en sorte que votre langage corporel indique que vous contrôlez la situation.

Pour vous présenter

Dans certaines réunions, on vous demandera peut-être de vous présenter. Ce seront là vos premières paroles. Soyez bref et concis :

● *Je suis/je m'appelle ...... Je suis ici pour représenter le service juridique/J'ai été chargé par le service juridique de présenter le rapport annuel/M.Freeman m'a chargé d'assister à cette réunion en tant qu'observateur/On m'a demandé de donner le point de vue du service.*

INTRODUCING YOUR TALK

In a meeting presentation, you announce at the outset what you intend to say, you say it and then you summarize the main points you wish to bring out at the end, having reviewed at various points in the presentation according to its length.

According to the type of presentation, your opening remarks will include the following :

To present a decision you can say :

● *The purpose of my talk is to set out the main reasons for the decision we have taken.*

● *The board has decided to ... Very briefly, I'd like to describe the background to that decision and the rationale which led us to it.*

To introduce a debate, you may begin :

● *I would like to outline the main problems posed by the project as it stands.*

● *I would like to give the Committee a clear view of the present situation.*

● *I'm going to set out the main solutions avalaible to us so that we can discuss them in full.*

● *Before we begin to look at alternative solutions, I feel we should pause and consider the advantages and disadvantages/the pros and cons (informal)/the plus and minus points of the proposal in its present form.*

To present a longer, more formal report, you can use :

● *Chairman, Ladies and Gentlemen, the report on this year's budget is, of necessity, wide-ranging. I shall focus only on six or seven important issues. First and foremost...*

POUR PRÉSENTER VOTRE DISCOURS

Dans une présentation vous annoncez d'abord ce que vous allez dire, vous vous exprimez et vous résumez à la fin les points que vous voulez mettre en relief, non sans avoir fait des rappels en fonction de la longueur de l'exposé.

Selon le genre de présentation, vos remarques préliminaires peuvent être :

Pour annoncer une décision :

• *Le but de mon intervention est de vous donner les raisons principales qui nous ont amenés à prendre cette décision.*

• *La direction a décidé de ... Je voudrais, très brièvement, faire l'historique de cette décision et donner les diverses raisons qui nous y ont conduits.*

Pour ouvrir un débat, vous pouvez commencer par :

• *J'aimerais évoquer les principaux problèmes qui se posent dans le projet actuel.*

• *Je voudrais donner au Comité une vue claire et précise de la situation actuelle.*

• *Je vais vous présenter les principales solutions qui s'offrent à nous pour que nous puissions les discuter dans le détail.*

• *Avant de commencer à chercher des alternatives, je pense que nous devrions faire une pause et examiner les avantages et les désavantages/les pour et les contre/les mérites et les inconvénients de la proposition dans sa forme actuelle.*

Pour un rapport plus long et plus formel :

• *M. le Président, Mesdames et Messieurs, le rapport sur le budget de cette année est, par la force des choses, long et complexe. Je me concentrerai uniquement sur six ou sept points importants. D'abord et avant tout...*

Chapter 2

Reporting

When giving a report, a speaker must draw a clear distinction in his or her own mind between simply reporting facts, commenting on them or interpreting them. Sometimes it will be a question of your role. If you are asked to give an objective account of the problems, you may be going beyond your remit if you give your view on how to solve· them. At other times, you must observe the stage you are at in decision-making. During a meeting stating the facts objectively, or defining the problem accurately and identifying the cause of the problem is usually the initial phase. Analysis follows and only then can proposals be discussed and decisions taken on an implementation process.

Although it is difficult to remove all traces of subjectivity from remarks, if you are required to give a straightforward report you should aim to do so as concisely and objectively as possible.

Reporting on a previous meeting

You may have to summarize what happened at a previous meeting. In this case you may begin :

Chapitre 2

Faire un rapport

En faisant un rapport, celui qui a la parole doit faire une distinction bien nette entre rapporter des faits, les commenter ou les interpréter. Tout dépend parfois de votre rôle. Si on vous demande une présentation objective des problèmes, vous risquez d'aller trop loin en donnant votre avis sur la façon de les résoudre. En d'autres occasions, il faudra tenir compte du stade atteint dans le processus décisionnel. Normalement, l'exposé objectif des faits, la définition exacte du problème ou l'identification des causes constituent la phase initiale de la réunion. L'analyse vient ensuite et ce n'est qu'à ce moment-là qu'on peut discuter les propositions et prendre des décisions sur le processus de mise en œuvre.

Même s'il est difficile d'éliminer toute trace de subjectivité de vos remarques, si on vous demande un rapport simple et précis, vous devez être le plus concis et le plus objectif possible.

Rapport sur une réunion antérieure

Vous aurez peut-être à faire le résumé d'une réunion antérieure. Dans ce cas vous pourriez commencer ainsi :

- *The main points raised during the meeting were...*

- *In brief/in short/very briefly what came out of the meeting was that no one is willing to go ahead with the plan before they have seen the conclusions and recommendations of the final report.*
- *The gist of it was that action should be taken immediately to curb any further extension of the problem.*
- *What emerged from the meeting was that there is little common ground so far.*

To conclude a short report, you may close :

- *I think I've covered the main points.*
- *Those were the salient points/the main conclusions.*

Reporting a speech, a report, a law

- *The main thrust of his remarks was that we should have to accept the full implications and obligations of the decision.*

- *The main thrust of the bill would, in fact, make hostile takeovers easier.*

- *The central point his report made was that there had been under-utilisation of certain budget allocations.*

Reporting what someone has said

When reporting what someone actually said, you can vary the reporting verbs as follows :

Statements

- *Mr. Smith said/stated/affirmed/asserted that the deadline was...*

- *Les principaux points soulevés au cours de la réunion étaient...*
- *En bref/Très brièvement, il ressort de la réunion que personne n'est prêt à aller plus loin dans ce projet avant d'avoir vu les conclusions et les recommandations du rapport final.*
- *L'essentiel était qu'il fallait prendre des mesures immédiates pour éviter toute aggravation du problème.*
- *La conclusion à tirer de la réunion était qu'il y avait, jusqu'à présent, peu de points de convergence.*

Pour terminer un rapport bref :

- *Je pense avoir couvert les points essentiels.*
- *Voilà les points importants./Voilà les conclusions essentielles.*

Pour résumer un discours, un rapport, un texte de loi

- *Le point capital de ses remarques était que nous devons accepter toutes les implications et les obligations découlant de cette décision.*
- *L'effet majeur de cette loi serait de faciliter les O.P.A. (offre publique d'achat) non désirées.*
- *Le point central de son rapport était que certains crédits budgétaires n'avaient pas été pleinement utilisés.*

Pour rapporter les paroles de quelqu'un

Pour reprendre ce qui a été dit, vous pouvez varier les verbes introductifs :

Déclarations

- *M. Smith a dit/déclaré/affirmé/assuré que la date limite était...*

Confirmations/reiterations

- *Mr. James confirmed that the decision was already taken.*
- *Mrs. Park reiterated her view/said once again that John was not the best candidate for the job.*
- *John re-affirmed that it was not a wise decision.*

Indications

- *Mrs. Wood indicated/pointed out/drew attention to the fact that the cost would be higher than we had initially expected.*

Discussion

- *He raised the over-capacity issue.*
- *They discussed the question of market access.*
- *She addressed the specific problem of planning permission.*

Insistence

- *Mrs. Kronel made it quite clear/insisted/stressed/underlined/ was quite adamant that she would not come down on/reduce the price.*

Pressure

- *She pressed/strongly urged/pushed us to adopt her line.*

Confirmations/réaffirmations

- *M. James a confirmé que la décision était déjà prise.*
- *Mme Park a réaffirmé/a déclaré une fois de plus, qu'à son avis, John n'était pas le meilleur candidat pour ce poste.*
- *John a soutenu une fois de plus que ce n'était pas une décision sage.*

Indications

- *Mme Wood a indiqué/a fait remarquer/a signalé/a attiré l'attention sur le fait que les coûts seraient plus élevés qu'on ne l'avait initialement prévu.*

Discussion

- *Il a soulevé la question de la surcapacité.*
- *Ils ont discuté le problème de l'accès au marché.*
- *Elle a posé/abordé le problème spécifique de l'autorisation de planification.*

Insistance

- *Mme Kronel a exprimé clairement/n'a laissé aucun doute/ a insisté/a souligné/a été catégorique (qu') elle ne baisserait pas son prix.*

Faire pression

- *Elle nous a incités/nous a invités vivement/nous a poussés à adopter son approche.*

Agreement/disagreement

● *Mr. Dellan consented to/agreed to reconsider the terms of the contract.*

● *Mrs. Sawyer refused/declined to comment on the financial implications.*

Proposals

● *Mr. Ralourme proposed/suggested/recommended that we look into the possibility of obtaining credit from an alternative source.*

Requests/demands

● *He demanded that we look into the question.*

● *She called upon/on the members of the committee to give more thought to the long-term effects of the decision they were about to take.*

● *She called for increased funding for research.*

Reporting impressions

Sometimes things are not stated clearly. If you are sure the speaker intended you to believe something, you can make this clear :

● *John hinted/intimated that the meeting might not take place after all.*

● *John dropped a hint that there might be something in the pipeline for us.*

● *Jane seemed to think that it was all rather nebulous/a lot of hot air (informal).*

Accord/désaccord

- *M. Dellan a consenti/s'est déclaré prêt à reconsidérer les termes du contrat.*
- *Mme Sawyer a refusé/a dit qu'elle n'était pas disposée à commenter les implications financières.*

Propositions

- *M. Ralourme a proposé/a suggéré/recommandé/préconisé que nous examinions la possibilité d'obtenir le crédit par une voie différente.*

Demandes/exigences

- *Il a exigé qu'on examine la question.*
- *Elle a invité les membres du comité à examiner, dans le détail, les effets à long terme de la décision qu'ils s'apprêtaient à prendre.*
- *Elle a lancé un appel pour qu'on accorde plus de moyens pour la recherche.*

Rapporter des impressions

Il arrive que des choses ne soient pas énoncées de façon tout à fait précise. Si vous êtes sûr que l'orateur voulait laisser entendre quelque chose, vous pouvez l'indiquer ainsi :

- *John a laissé entendre/a laissé entrevoir que la réunion, fnalement, pourrait ne pas avoir lieu.*
- *John a laissé sous-entendre que quelque chose pourrait être en train de se faire.*
- *Jane avait l'air de penser que tout ceci était assez flou/ n'était que du vent (informel).*

Distancing yourself from facts
you are reporting

If you wish to distance yourself from the facts you are presenting, either because you disagree with the opinion expressed or because you do not want to be quoted as having held the same view, you can say :

● *Mr. Smithson claimed that our rivals are in serious financial difficulties.*

You can also avoid mentioning the author of remarks by using a passive construction :

● *Our rivals are said/reported/rumoured to be in financial difficulties.*

or, alternatively, use "apparently" or "reportedly" :

● *Reportedly/apparently they are going to be forced to retrench/cut back if the current downward trend continues.*

For more serious accusations use "allege" or "allegedly" :

● *He alleged that they had committed several misdemeanours.*

● ● *Allegedly he was involved in some shady deals.*

The implication here is that someone else has made these allegations. You personally take no responsibility for them. But, a word of caution here : you could be accused of rumour mongering or disinformation.

Ne pas reprendre à votre compte
ce que vous êtes en train de rapporter

Si vous voulez marquer une certaine distance par rapport à ce que vous avez à rapporter, soit parce que vous ne partagez pas l'opinion exprimée, soit parce que vous ne voulez pas qu'on pense que vous la partagez, vous pouvez vous exprimer ainsi :

● *M. Smithson a prétendu que nos concurrents avaient de sérieux problèmes financiers.*

Vous pouvez aussi éviter de nommer l'auteur d'une remarque en vous servant de la forme impersonnelle * :

● *On dit/on rapporte/des bruits courent/des rumeurs circulent que nos concurrents ont des difficultés financières.*

ou bien en utilisant : « A ce qu'on dit », « apparemment » :

● *A ce qu'on dit/apparemment, ils devraient être forcés de se replier si la tendance à la baisse qui prévaut en ce moment devait se poursuivre.*

Pour des allégations plus sérieuses, on utilise « prétendre » :

● *Il a prétendu qu'ils avaient commis plusieurs infractions.*

● *On prétend qu'il a été impliqué dans plusieurs affaires douteuses/louches (informel).*

De telles tournures impliquent qu'il s'agit là d'allégations faites par une tierce personne, vous n'êtes donc pas engagé personnellement, mais faites attention, on pourrait également vous reprocher de propager des rumeurs ou vous accuser de désinformation.

---

* Le passif est souvent remplacé par « on » en français.

Chapter 3

Citing facts
and figures

Very frequently, people taking part in meetings are requi-red to present data. Visual aids (video, slides, overhead pro-jector, flipchart or whiteboard, handouts presenting tables, diagrams, graphs, pie charts, bar charts, flowcharts, etc.) will greatly enhance understanding here and will increase the amount of information listeners can retain.

When referring to visual aids, highlight the interesting points in the data you are presenting:

● *If we look at/turn to table 3, we are immediately struck by the disparity between the first and the fourth column.*

● *It is worth noting/it is interesting to note that there has been a dramatic increase/rise in inflation over the last three months.*

● *What is essential to note here is the rapid fall/drop/decrease in the cost of our overheads in the last quarter.*

● *I would draw your attention here to the figures for the period 1985-1990 which highlight the impact our new policy has had.*

Chapitre 3

Citer des faits et des chiffres

Très souvent, dans une réunion il faut présenter des données. Dans ce cas, des supports visuels (vidéo, diapositives, projecteurs, tableaux de toutes sortes, documents de séance comportant des tabelles, des diagrammes, des « tartes », des colonnes, des courbes etc.) seront une aide précieuse pour faciliter la compréhension et pour augmenter la quantité d'informations que pourront retenir les auditeurs.

Quand vous utilisez des moyens visuels, il convient de mettre en évidence l'intérêt des données que vous présentez :

* *Si vous regardez/si vous passez au tableau n° 3, vous êtes immédiatement frappé par la disparité entre la première et la quatrième colonne.*

* *Cela vaut la peine/il est important/il est intéressant de noter l'augmentation dramatique de l'inflation au cours des trois derniers mois.*

* *Ce qu'il faut remarquer avant tout ici, c'est la chute/la baisse/la diminution du coût de nos frais généraux au cours du dernier trimestre.*

* *Ici, je voudrais attirer votre attention sur les chiffres de la période 1985-1990 qui font ressortir les effets de notre nouvelle politique.*

In describing movement and variation, be as accurate as possible in the choice of your terms :

- *The volume of sales was up/down 35 per cent.*
- *The branch has reported an 11 per cent fall in the number of visitors.*
- *Prices have risen steeply/dramatically.*
- *Prices have peaked/plateaued.*
- *Demand has dropped dramatically/plunged.*
- *Oil prices have fluctuated/varied.*
- *Supply has levelled off/stabilised.*

In order to give a general view of things, say :

- *The global picture is bleak, dull, dreary.*
- *The global picture is bright/encouraging.*
- *The situation for the first six months has been outstanding/ excellent/good/fair/satisfactory/above average/below average/bad/ abysmal/disastrous/catastrophic.*
- *The company enjoyed a profit.*
- *The company suffered a loss.*

To describe a very bleak situation, you may need to say :

- *They have written off 1991 as a disappointing year, estimating a 30 per cent drop in profits.*

or worse still,

- *The number of enterprises going bankrupt/going into receivership/going into liquidation has reached its highest level since the 1973 oil crisis.*

Pour illustrer des mouvements et des variations, il faut être aussi précis que possible dans le choix de vos termes :

- *Le volume des ventes a augmenté/diminué de 35 %.*
- *La succursale a enregistré une baisse de 11 % du nombre des visiteurs.*
- *Les prix ont augmenté de façon galopante/brutale.*
- *Les prix ont atteint un sommet/sont restés stationnaires.*
- *La demande a diminué/a chuté d'une manière dramatique.*
- *Les prix de l'essence ont été fluctuants/ont varié.*
- *Les fournitures ont atteint un niveau stable/se sont stabilisées.*

Pour donner une impression générale, dites :

- *Globalement, les perspectives sont ternes/moroses/sombres.*
- *L'impression générale est très satisfaisante/encourageante.*
- *La situation, pour les trois premiers mois, a été exceptionnelle/excellente/bonne/acceptable/satisfaisante/au-dessus de la moyenne/moins bonne que d'habitude/mauvaise/lamentable/désastreuse/catastrophique.*
- *La société a enregistré des bénéfices.*
- *La société a subi des pertes.*

Pour décrire une situation très morose, vous pouvez dire :

- *Ils ont classé l'année 1991 comme une année décevante, prévoyant à 30 % la baisse des bénéfices.*

ou bien, pire encore :

- *Le nombre d'entreprises en faillite/en administration judiciaire/en liquidation a atteint le niveau le plus élevé depuis la crise du pétrole de 1973.*

In contrast, you may be the bearer of good tidings :

- *Profits reached a record high.*
- *A six month reduction in our product development cycle has increased lifetime profits ten-fold.*

To emphasize a particularly important point, try to repeat the same message in another way. You thereby double the chances of the information being retained by your audience :

- *27 per cent of France's total tax revenues came from employers' social security contributions as against 9.5 per cent in the UK, that is to say, proportionally almost three times more in the case of France.*

En revanche, si vous êtes le porteur de bonnes nouvelles :

● *Les bénéfices ont atteint un niveau record.*

● *En réduisant de six mois le cycle d'exploitation de notre produit, nous avons multiplié par dix/décuplé la durée des bénéfices.*

Pour souligner l'importance d'un point particulier, on peut reprendre le même message sous une forme différente. Vous aurez deux fois plus de chances que vos auditeurs retiennent l'information en question :

● *27 % du revenu fiscal de la France provenaient des contributions payées par les employeurs à la sécurité sociale, tandis qu'au Royaume-Uni, on atteint seulement 9,5 %, on a donc proportionnellement presque trois fois plus dans le cas de la France.*

Chapter 4
Referring
to legal documents

Usually in meetings there is some kind of legal base behind decision-making. You may have to refer to contracts, legislation, legal decisions or legal principles :

● *I would cite in this connection article 17 on..., which lays down that...*

● *I feel it is appropriate to invoke the principle of legal certainty here.*

When relating to the content of legal documents, you use specific verbs, such as : stipulate/lay down/set out/provide in the following way :

● *The contract clearly stipulates that there can be only one tenant.*

● *The provisions lay down that...*

● *The directives provides that...*

● *Article 33 sets out/defines the conditions which have to be met/the cases in which a tenant may sub-let.*

● *The law provides for a certain degree of flexibility here.*

You may need to point to a particular clause or phrase :

Se référer
à des textes juridiques

Normalement dans une réunion, les décisions sont fondées, d'une façon ou d'une autre, sur une base juridique. Ainsi, il se peut que vous ayez à faire référence à des contrats, des législations, des décisions ou des principes juridiques :

- *Dans ce contexte, je voudrais vous renvoyer à l'article 17 concernant... et qui stipule que...*

- *Je pense qu'ici, il convient d'invoquer le principe de la certitude juridique.*

Pour invoquer le contenu d'un texte juridique, employez des verbes spécifiques comme : stipuler/préciser/prévoir/établir :

- *Dans le contrat, il est clairement stipulé qu'il ne pourra y avoir qu'un seul locataire.*

- *Les dispositions établissent que...*

- *Selon les directives, il est prévu que...*

- *L'article 33 établit/fixe les conditions qui doivent être remplies/les cas dans lesquels un locataire est autorisé à sous-louer.*

- *La loi a prévu une certaine souplesse dans ce cas.*

Eventuellement, vous devrez vous référer à une clause ou à une phrase particulière :

- *The first clause/the wording of the directive provides member states with several alternatives.*
- *It goes without saying that the fullest attention will be paid to hedge/safeguard clauses and to the fine print.*

When you want to indicate that certain rules or conditions apply, you can put it as follows :

- *The agreement falls within article 60.*
- *The one-year rule is applicable here.*
- *The case is covered by article 29.*
- *Under existing legislation/under article 103/under the terms of the contract, if two companies were to merge, a wide range of tax liabilities could arise.*
- *Although there is no direct reference to this specific case, I believe it fully complies with the spirit of article 49.*

It may be necessary to recall a precedent in the form of a court decision/ruling/judgment :

- *A ruling/finding of infringement was made in a similar case.*
- *The court held/ruled/found that there was no infringement/ breach of article 12.*
- *The court dismissed/rejected the application as unfounded.*
- *Mr. Smith was acquitted of insider dealing and money laundering.*
- *Mr. X was found guilty/convicted of fraud.*

● *Selon la première clause/les termes de la directive, les Etats-membres ont plusieurs alternatives à leur disposition.*

● *Il va sans dire que nous allons examiner avec la plus grande attention les clauses de sauvegarde et les petits caractères.*

Pour indiquer que certains règles sont d'application :

● *L'accord tombe sous les dispositions de l'article 60.*

● *La règle annuelle est applicable ici.*

● *Ce cas est régi par l'article 29.*

● *Selon la législation existante/l'article 103/les termes du contrat/la fusion de deux sociétés peut engendrer des obligations fiscales très diverses.*

● *Bien qu'il n'y ait aucune référence directe à ce cas spécifique, je suis convaincu qu'il est tout à fait conforme à l'esprit de l'article 49.*

Parfois il sera nécessaire de renvoyer un précédent sous forme d'un arrêt/d'une décision/d'un jugement prononcé par un tribunal :

● *Dans un cas similaire, il y a eu un constat d'infraction/ un arrêt constatant l'infraction.*

● *Selon l'arrêt/l'ordonnance/la décision de la cour, il n'y avait pas d'infraction à l'article/de violation de l'article 12.*

● *La cour a refusé/rejeté la demande comme non fondée.*

● *M. Smith, inculpé de délit d'initié et de blanchiment d'argent a été acquitté.*

● *M. X a été jugé coupable/a été inculpé de fraude.*

Chapter 5
Analyzing

While we are still at the fact finding stage of a meeting, another skill meeting participants must display is analysis. It is important to be able to present succinctly and accurately not only the facts themselves (the what), but also the process (the how) and the causes and effects (the why).

A process or a sequence is often best illustrated by a flow chart, such as the one below on the effects of EC market integration.

This can be described as follows:

CAUSE

- *The removal of non-tariff barriers favours/encourages, increases/heightens competitive pressures.*
- *Competitive pressures trigger/bring about restructuring.*

- *Inter and intra industry adjustment will lead to/produce economies of scale.*

Chapitre 5

Faire des analyses

Quand, dans une réunion, il faut établir les faits, les participants doivent faire preuve d'esprit d'analyse. Il est important d'être capable de présenter d'une manière succincte et précise non seulement les faits eux-mêmes (de quoi s'agit-il ?), mais aussi le processus (le comment), les causes et les effets (le pourquoi).

Très souvent, le diagramme reste le meilleur moyen d'illustrer un processus ou une séquence, comme nous pouvons le voir dans l'exemple ci-dessous concernant les effets de l'intégration sur les marchés de la C.E.

On peut l'expliquer ainsi :

CAUSE

• *La suppression des barrières non-tarifaires favorise/encourage/intensifie/augmente/la pression de la concurrence.*

• *Les contraintes de la concurrence déclenchent/provoquent des restructurations.*

• *Des ajustements à l'intérieur et entre les branches de l'industrie vont engendrer/produire des économies d'échelle.*

Integration and the effects of size of markets : schematic presentation

```
            ┌─────────────────────────┐
            │    ELIMINATION OF        │
            │  NON-TARIFF BARRIERS     │
            └─────────────────────────┘
                       │
                       −
                       ↓
              ┌──────────┐
    −         │  Initial │        +
  ┌───────┐←──│  costs   │──→  ┌──────────┐
  │ Prices│   └──────────┘     │Price/Cost│
  └───────┘                    │ margins  │
                                └──────────┘
      +          −                  +
 ┌──────────┐        ┌──────────────────────────┐
 │ Domestic │        │         COSTS            │
 │and foreign│       │ Fuller exploitation of   │
 │ demand   │        │ comparative      │  X-    │
 └──────────┘        │ advantages       │inefficiency│
                     │ learning and scale│        │
      +        −     │ economies        │        │
 ┌──────────┐        └──────────────────────────┘
 │ Volume of│            −              −
 │production of│
 │ goods and│      ┌──────────────┐
 │ services │      │ Restructuring│
 └──────────┘      │  (inter-and  │
                   │ intra-industry)│
                   └──────────────┘
                         +
                  ┌──────────────┐
                  │ Competitive  │
                  │  pressure    │
                  └──────────────┘
                    +        +
                  ┌──────────────┐
                  │  Technical   │
                  │progress and  │
                  │ innovation   │
                  └──────────────┘
```

Note : The sign "+" indicates an increase.
The sign "−" indicates a reduction.

Source : *EUROPEAN ECONOMY* N° 35. mars 1988. CEC.

**Représentation des effets micro-économiques engendrés
par l'intégration des marchés de la communauté**

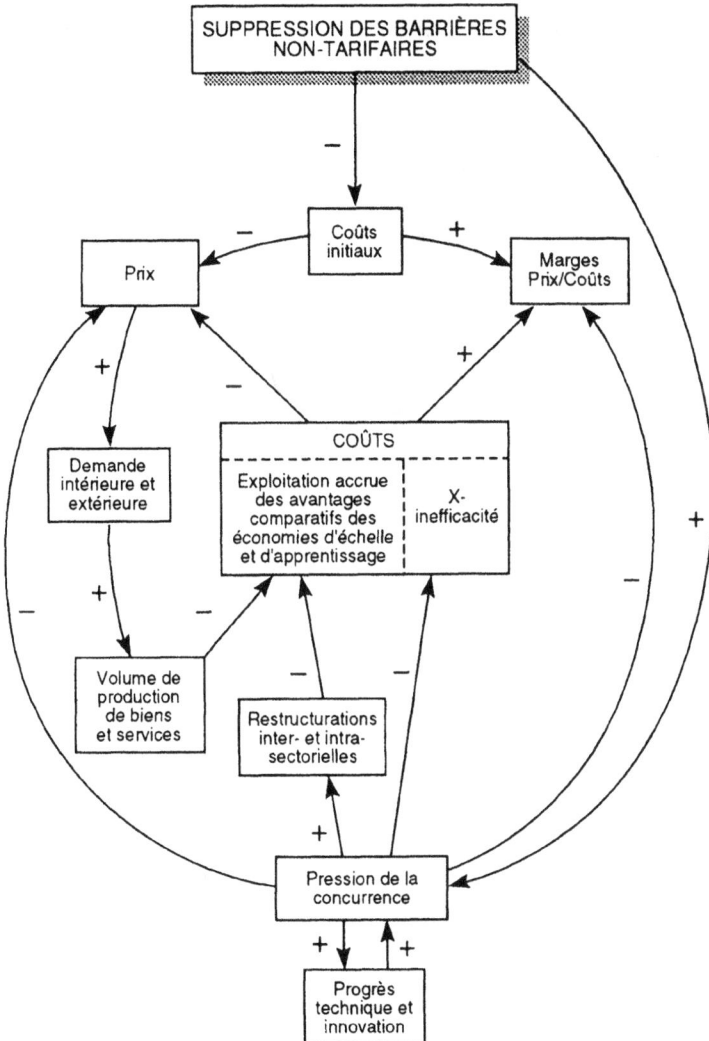

Note : Signe + = augmentation
       Signe – = diminution

Source : *EUROPEAN ECONOMY* N° 35, mars 1988. CEC.

CONSEQUENCES

- *The removal of non-tariff barriers affects/modifies/has an impact on trade.*
- *The removal of non-tariff barriers results in lower costs.*

- *Lower costs result from/are a consequence of the removal of non-tariff barriers.*
- *Increased demand entails a larger volume of production and economies of scale.*
- *A larger volume of production ensures that unit costs can be cut.*

POSITIVE AND NEGATIVE IMPACT

Certain words describing effects have a positive or negative meaning or connotation. Compare :

- *These measures support/underpin/strengthen/consolidate/ reinforce our market position.*
- *These measures weaken/undermine/threaten/jeopardize/ endanger/put at risk our position.*
- *The advertising campaign conferred competitive advantage/ increased prestige.*
- *Our previous policy incurred many additional costs/losses.*

EFFETS

● *L'élimination des barrières non-tarifaires affecte/modifie/a des répercussions sur les échanges.*

● *L'élimination des barrières non-tarifaires a pour résultat une diminution des coûts.*

● *Des coûts moins élevés résultent/sont une conséquence de la suppression des barrières non-tarifaires.*

● *L'augmentation de la demande entraîne un volume plus large de la production et des économies d'échelle.*

● *Un volume plus large de la production permet de réduire les prix unitaires.*

IMPACT POSITIF ET NÉGATIF

Certains mots qui servent à décrire les effets peuvent avoir un sens ou une connotation positive ou négative. Comparez :

● *Ces mesures aident/soutiennent/renforcent/consolident/fortifient notre position sur le marché.*

● *Ces mesures affaiblissent/sapent/menacent/mettent en péril/ compromettent/représentent un risque pour notre position.*

● *La campagne publicitaire a apporté des avantages concurrentiels/a augmenté le prestige.*

● *Notre politique antérieure a entraîné bon nombre de dépenses/de pertes supplémentaires.*

Chapter 6

Forecasting

On the basis of your analysis of the situation, you will be able to forecast coming events. In a fast-changing world, it is essential for decision makers to keep an eye on the future.

Global view

To convey the general impression that a situation gives about the way it is going to develop, you can say:

● *The outlook is bright/rosy/encouraging, or: bleak/dreary/ gloomy.*

● *I feel that things will turn out right/well for us.*

● *I feel that things will turn out wrong/badly for them.*

Predicting with conviction

When there are strong grounds for predicting an event, you can make this clear:

● *The outcome of the election is a foregone conclusion.*

Chapitre 6
Faire des prévisions

Sur la base de votre analyse de la situation, vous serez en mesure de faire des pronostics. Dans ce monde en évolution rapide, il est indispensable pour les décideurs de penser à l'avenir.

Vue globale

Pour donner votre impression générale sur l'évolution probable d'une situation, vous pouvez dire :

• *Les perspectives sont bonnes/prometteuses/encourageantes, ou : moroses/mornes/sombres.*

• *J'ai la conviction que la situation va évoluer favorablement/ en notre faveur.*

• *J'ai le pressentiment que les choses vont mal tourner/ évolueront en leur défaveur.*

Pronostiquer avec certitude

Si vous avez de fortes raisons pour prédire un événement, vous pouvez l'exprimer ainsi :

• *Le résultat de l'élection est acquis d'avance.*

- *The deal is in the bag. (informal)*
- *It's a dead cert. (informal English for "it is absolutely certain")*
- *The project is bound/sure/certain to be a great success.*
- *There is absolutely no doubt (in my mind) that this solution will work.*
- *There is every likelihood that these measures will double profit margins.*

Forecasting can be a time to give sound advice

- *We shall need to watch the exchange rate very closely.*
- *It will be essential to keep an eye on production costs.*

- *We shall have to act quickly to counter adverse reactions.*

- *We stand to make great savings here, if we take action immediately.*
- *If we do not take this opportunity, we stand to lose our good name/reputation/credibility.*

Predicting with a reasonable degree of certainty

When things are not quite so clear-cut but there are still good indicators of how events will turn out, you can put it as follows :

- *It looks as if we shall have a new chairman soon.*
- *It looks as if the market price is going to drop dramatically/ in the coming weeks.*
- *This could well turn out to be our best selling product.*

- *Tomorrow's consumer is likely to be more sophisticated when it comes to "green" concerns.*
- *We are likely to win the election.*

- *C'est dans la poche. (informel)*
- *Ça ne fera pas un pli. (français familier pour dire que quelque chose est absolument certain)*
- *Il est évident/sûr/certain que le projet sera un grand succès.*
- *(Pour moi), il n'y a absolument aucun doute, cette solution marchera.*
- *Selon toute vraisemblance/tout porte à croire que nous doublerons les marges bénéficiaires grâce à ces mesures.*

Les pronostiques peuvent être l'occasion de donner de bons conseils

- *Nous devrons surveiller très attentivement les taux de change.*
- *Il sera d'une importance capitale de surveiller les coûts de production.*
- *Il nous faudra agir vite pour contrecarrer les réactions adverses.*
- *Nous avons la possibilité de faire de grandes économies si nous agissons sans tarder.*
- *Si nous ne profitons pas de cette occasion, nous risquons de perdre notre réputation/notre crédibilité.*

Faire des pronostics avec une conviction relative

Quand la situation est un peu moins claire, mais présente néanmoins des indicateurs assez fiables qui permettent de se faire une opinion sur l'évolution probable :

- *Il semble que nous aurons bientôt un nouveau président.*
- *Il est probable que le prix du marché va chuter brutalement, dans les deux mois qui viennent.*
- *Il pourrait s'avérer que ce soit notre produit qui se vende le mieux.*
- *Le consommateur de demain risque d'être bien plus averti en ce qui concerne les préoccupations écologiques.*
- *Nous avons de bonnes chances de gagner les élections.*

- *The incidence of tax avoidance will certainly increase.*
- *Returns on this investment are expected to be good.*

Predicting with caution

In some cases it is wise to couch a forecast in more cautious terms :

- *There is a slim chance that import restrictions will be imposed.*
- *It seems safe to say that the number of management buy-outs will increase.*
- *It's difficult to be certain at this stage, but I don't see why it shouldn't be possible to meet the requirements/specifications/ deadline.*

Predicting the unpredictable

Obviously in this situation the best policy may be to remain silent. What you can say, of course, is :

- *No one knows what chance the Bill has of becoming law.*

- *Opinions differ on this.*
- *There is a lot of speculation about the starting price/as to whether they will sell.*
- *There is no way of knowing for sure, but some experts have suggested that...*
- *There's no way we can tell at this stage, but it has been suggested that...*

If pressed further, you might reply as a last resort :

- *Only time will tell, I'm afraid.*

- *Les cas d'évasion fiscale vont sûrement se multiplier.*
- *On s'attend à ce que le rendement de cet investissement soit bon.*

Pronostiquer avec prudence

Il sera parfois sage de donner une tournure plus prudente à vos prédictions :

- *Il y a peu de chances que l'on impose des restrictions à l'importation.*
- *On peut dire sans se tromper que le nombre de rachats par l'entreprise va augmenter.*
- *C'est difficile à dire à ce stade, mais je ne vois pas ce qui empêche de satisfaire leurs exigences/respecter les délais.*

Prédire l'imprévisible

Bien évidemment, le plus sage dans cette situation est de ne rien dire. Mais vous pouvez toujours risquer :

- *Personne ne sait quelles sont les chances de voir adopter ce projet de loi.*
- *Les opinions divergent sur ce sujet.*
- *Il y a énormément de spéculations quant au prix de départ/ sur la question de savoir s'ils vont se vendre.*
- *Il n'y a aucun moyen de savoir avec certitude, mais des experts ont suggéré que... »*
- *Il est impossible de dire quoi que ce soit au stade actuel, mais il a été suggéré que...*

Si on insiste encore, vous pourrez répondre en dernier ressort :

- *Malheureusement, seul l'avenir nous le dira.*

Commenting

Overt comments

As was seen previously, it is difficult to give a presentation of the facts without a comment or an interpretation. Sometimes you are required to give your own view of the situation. If you wish to make it clear that your comments reflect your personal opinion, you can state this openly:

● *I should like to give my personal view/analysis of the situation.*

● *My comments are those of a layman and tax payer not a tax expert.*

● *I would like to make it clear that I speak only for myself. In no way should my remarks be attributed to the company/body I represent.*

Many expressions underline the fact that you are giving a personal view:

● *It is my contention that significant reforms have not yet been made.*

● *I also submit/believe that many points of detail need to be addressed before a more comprehensive system would work.*

Chapitre 7

Commenter

Commentaires sans aucune réserve

Comme nous l'avions vu précédemment, il est difficile de présenter des faits sans les commenter ou les interpréter. On vous demandera parfois de donner votre avis personnel. Si vous voulez préciser que ces commentaires reflètent votre opinion personnelle, vous pouvez le dire clairement :

- *J'aimerais donner mon opinion/mon analyse personnelle de la situation.*

- *Mes commentaires sont ceux d'un simple contribuable et non d'un expert en questions fiscales.*

- *Je voudrais d'abord préciser que je parle en mon nom uniquement. Mes remarques, en aucun cas ne pourront engager la société/le groupe que je représente.*

Il existe un grand nombre d'expressions pour souligner le fait que vous émettez un avis personnel :

- *Je prétends que, jusqu'à ce jour, aucune réforme significative n'a été vraiment entreprise.*

- *J'avancerai aussi/ je crois qu'il faut régler un grand nombre de détails avant qu'un système plus complet ne puisse fonctionner.*

- *In my view/opinion, there should be greater uniformity in accounting principles.*
- *My personal view is that nothing will come of this.*

- *Personally, I feel that this situation will not last.*
- *As I see it, we shall need to take on additional staff if we are to meet the deadline.*

If you state your view more tentatively, either because it would be unwise to make a firm commitment or because you are genuinely uncertain of your facts, make this known:

- *As far as I'm able to judge, this would be the best solution.*

- *As far as I know, there are no other products on the market to match this one as regards energy-saving.*
- *To the best of my knowledge, there are no empirical studies which establish, beyond doubt, the case for...*

You may wish to make an unofficial comment. If you do not want to go down on record as saying something, prefix your remark with "Strictly off the record":
- *Strictly off the record, I'd say the man is not genuinely interested.*
- *Don't quote me on this, but this could be their last chance to establish themselves as serious rivals (informal).*

If you are attending a meeting as a delegate or a representative, you will obviously indicate that your comments reflect the view of the body you stand for:
- *For the Sales Department, the idea is a non-starter (informal).*
- *We on the shop floor believe that this could easily be implemented.*
- *My department feels that if we go ahead with this project, we could run into a lot of trouble (informal).*

- *A mon avis/quant à moi, il faudrait une plus grande uniformité dans les principes de comptabilité.*
- *En ce qui me concerne, je pense que cela ne mènera à rien.*
- *Personnellement, je crois que cette solution ne va pas durer.*
- *Comme je vois les choses, nous aurons besoin d'engager du personnel supplémentaire si nous voulons respecter les délais.*

Si vous voulez être plus circonspect dans votre avis, soit parce qu'il serait imprudent de s'engager à fond, soit parce que vous n'êtes vraiment pas sûr des faits que vous avancez, dites-le :

- *Dans la mesure où je peux en juger, cela serait la meilleure solution.*
- *Pour autant que je sache, il n'y pas d'autre produit sur le marché qui soit aussi efficace sur le plan de l'économie d'énergie.*
- *A ma connaissance, il n'y a aucune étude empirique qui plaiderait, sans aucun doute possible, pour...*

Il peut vous arriver de vouloir faire un commentaire non officiel. Si vous ne voulez pas que cela soit consigné au procès-verbal, prévenez que cela doit rester « entre nous » :

- *Je dirais que cet homme n'est pas vraiment intéressé, mais il faut absolument que cela reste entre nous.*
- *Surtout ne me citez pas, mais il se peut que ce soit leur dernière chance de se présenter comme des rivaux sérieux (informel).*

Si vous participez à une réunion en tant que délégué ou représentant, vous devez évidemment indiquer que vos remarques reflètent le point de vue du groupe en question :

- *De l'avis du service des ventes, cette idée n'est pas porteuse.*

- *A l'atelier, nous croyons que cela serait facile à appliquer.*

- *Dans mon service, on pense qu'on va au-devant de bien des ennuis si on s'engage dans ce projet.*

- *It is the view of the Marketing Department that this project will never get off the ground.*
- *Speaking on behalf of the Consumers' Association, I would endorse the view held by the first speaker.*

- *I speak on behalf of the R&D Committee ; we are fully in favour.*

More covert comments

Sometimes, perhaps for tactical reasons, you may prefer not to comment in such a direct way. In that case, it is very easy to put a discreet slant on a statement. One word can suffice. If we add the word "arguably" to a statement, we no longer take the statement at its face value but put a construction of doubt upon it :

- *Arguably, the difficulties were exacerbated by the fact that we did not act early enough.*

Similarly :
- *Regrettably, this was the decision taken.*

This implies that you consider that it was a bad decision.
- *Understandably, he decided to close down the company.*

means that you understand why the decision was taken.

- *Admittedly, this was not the best way to handle the matter, but it was the only option open to them at the time.*

Here you convey that you perhaps have some sympathy for those who took the action even if it was not the best course/option.
- *Clearly, the nature of liabilities varies from country to country.*

« Clearly » indicates that you consider this to be self-evident, and therefore that it requires no further proof.
- *Mrs. Jones rightly/wisely pointed to the need for changes.*

• *Le service marketing est convaincu que ce projet ne verra jamais le jour.*

• *En tant que représentant de l'Association des Consommateurs, je reprendrai à mon compte les propos tenus par le premier orateur.*

• *Je parle ici au nom du comité R&D. Nous sommes tout à fait favorables.*

Commentaires prudents

Il vous arrive parfois, sans doute pour des raisons de tactique, de vous exprimer de manière moins directe. Dans ce cas, il est très facile de glisser des nuances dans votre intervention. Un seul mot peut suffire. Ajoutons le mot « éventuellement/peut-être » à une déclaration et elle ne sera plus prise en tant que telle, mais de manière dubitative :

• *Les difficultés ont peut-être été accentuées par une action trop tardive de notre part.*

De même, quand vous dites :

• *Malheureusement, c'est la décision qui a été prise.*

vous impliquez qu'à votre avis, la décision était mauvaise.

• *Il est tout à fait compréhensible qu'il ait décidé de fermer la société.*

vous signalez que vous comprenez pourquoi cette décision a été prise.

• *Admettons que cela n'ait pas été la meilleure façon de traiter cette affaire, mais il n'y avait pas d'autres possibilités à ce moment-là.*

vous montrez une certaine sympathie pour ceux qui ont décidé ainsi, même s'ils n'ont pas trouvé la meilleure des solutions.

• *Evidemment, la nature des obligations varie d'un pays à l'autre,*

vous indiquez ainsi, qu'à votre avis c'est une évidence et qu'on n'a pas besoin de preuves supplémentaires.

• *Madame Jones a indiqué avec raison/judicieusement le besoin d'un changement,*

This means you support her viewpoint.

Another way to colour a statement is to use emotional words or images. You can use this type of language to underline a key message :

• *It is alarming/heartening to note the general trend towards higher spending.*

• *There is a worrying tendency on the part of most parties involved to put the present difficulties down to bad financial planning.*

• *The results are startling/eye-popping/mind-boggling (informal).*

Now that the information is on the table, it is time for participants to react.

vous montrez que vous partagez ce point de vue.

Une autre façon de nuancer une déclaration consiste à utiliser des mots sensibles ou des images. Vous pouvez utiliser ce type de langage pour souligner un point important :

- *Il est alarmant/réjouissant de constater la tendance générale à augmenter les dépenses.*

- *On constate chez la plupart des parties concernées une tendance inquiétante à expliquer les difficultés actuelles par une mauvaise programmation financière.*

- *Les résultats sont surprenants/stupéfiants/époustouflants (informel).*

Maintenant les informations sont données, c'est aux participants de réagir.

PART II

RESPONDING

Straightforward information meetings call for no response from participants, but in most meetings people will be required to state their views or to ask for points to be clarified. There are many possibilities here. In this part, we are going to try to give as many examples of expressions as possible according to the type of meeting you attend.

Before giving concrete examples, it is worthwhile recalling that what you say must match the way you say it : well-thought out arguments will lose cogency if your enunciation is not clear, calm and confident. In the same way, your objections or dissatisfaction will carry little weight if your voice lacks firmness or determination.

PARTIE II

RÉAGIR

Hormis les réunions purement informatives qui ne visent qu'à informer et qui ne sollicitent aucune réaction de la part de l'assistance, la plupart des réunions appellent des commentaires de la part de l'auditoire soit pour demander des éclaircissements, soit pour indiquer sa position. Là, les possibilités sont multiples. Nous allons essayer dans cette partie de vous donner le plus grand nombre d'exemples possibles en tenant compte du type de réunions dans lequel vous vous trouvez.

Avant de citer des exemples concrets, il est bon de rappeler qu'il doit y avoir concordance entre vos paroles et votre attitude et que des arguments savamment présentés perdent du poids s'ils ne s'accompagnent pas d'une élocution claire, posée, assurée. De même votre opposition ou votre mécontentement ne seront guère pris en compte s'il n'y a aucune trace de fermeté et de détermination dans votre voix.

Very often, the first difficulty, before you express your thoughts clearly, is actually speaking in front of an audience. In informal meetings involving two to four people who know each other, the task is relatively simple and when there is no chair or no one who is clearly in charge, you can simply take the floor as soon as another person has finished speaking. If necessary, you can interrupt with a brief apology. Interrupting someone in order to give your own view is a common occurrence in meetings held in the office of one of the participants. Less concentration is required in such situations.

If you have to speak in a formal setting, the task is all the more difficult when there are a lot of people present and the stakes are high. It often happens that participants suffer from "strage-fright" preventing them from speaking normally, a little like an actor at the start of a performance. This feeling is certainly shared by many participants. Nevertheless, it is a very serious handicap, and some chairmen or colleagues will be quick to notice and to use it to their advantage. Although this apprehension may not disappear altogether, it can be controlled. Trusting your own abilities is the best way to conquer it. If you are well prepared and know the arguments to use, your position will be strengthened. All you will need to do is to fine tune the manner in which you present them. This is where this book can help you.

Très souvent la première difficulté, avant d'exprimer clairement sa pensée est de prendre la parole en public. Dans les réunions informelles, à deux ou à quatre, quand on se connaît bien, la tâche est assez simple et, dans le cas où il n'y pas vraiment de président de séance ou d'autorité évidente de la part de l'un des participants, on profite simplement de la fin d'une intervention pour enchaîner. Si c'est nécessaire, on coupe même la parole, après quelques brefs mots d'excuses. Interrompre quelqu'un pour donner son avis est chose courante dans les réunions qui se passent dans le bureau de l'un des protagonistes et ne nécessite pas une si grande concentration.

S'il faut intervenir dans une réunion formelle, la tâche devient d'autant plus ardue que l'assistance est nombreuse et l'enjeu important. En effet, on est souvent victime d'une angoisse qui vous empêche de parler et d'agir normalement, un peu comme un acteur avant d'entrer en scène. Cette attitude est certainement commune à beaucoup de participants, il n'en reste pas moins qu'elle constitue un sérieux handicap et certains présidents de séance ou collègues auront vite fait de le remarquer et parfois de l'exploiter. Si cette appréhension ne disparaît jamait tout à fait, elle peut s'atténuer. La confiance est la meilleure manière de la vaincre. Si vous connaissez bien votre dossier et les arguments à développer, vous avez un bon atout. Reste à peaufiner la façon de les présenter. C'est là où ce livre peut vous être utile.

Chapter 1

How to take
the floor

In very formal meetings, the chair gives the floor, either of his own accord, or because you have asked for it (usually by raising your hand). Generally you begin with a few words of thanks :

● *Mr. Chairman, thank you for giving me the floor (very formal).*

● *I am very pleased to have the opportunity to speak here/ today/on this occasion.*

● *Allow me to begin by thanking you for...*

● *Let me begin by saying how happy I am to be able to take part in this meeting/to have been invited to attend this meeting.*

Or to start off, you can say :
● *I would like to take this opportunity, to say...*

● *Since I have the opportunity to express my view, I would like to say that.../I would say first of all...*

Before you get to the heart/crux of the matter :

Chapitre 1

Comment prendre la parole

Dans les réunions très officielles, le président de séance donne lui-même la parole, soit sur sa propre initiative, soit parce que vous l'avez demandée (le plus souvent en levant la main). On commence généralement par quelques mots de remerciements :

- *M. le président, je vous remercie de me donner la parole (très formel).*
- *Je suis heureux de pouvoir m'exprimer ici/aujourd'hui/à cette occasion.*
- *Je voudrais tout d'abord vous remercier de...*
- *J'aimerais dire tout d'abord que je suis très heureux de pouvoir participer à cette réunion/combien j'apprécie d'avoir été invité à participer à cette réunion.*

ou d'introduction :

- *J'aimerais profiter de l'occasion qui m'est offerte/donnée pour dire...*
- *Puisque j'ai la possibilité de m'exprimer, j'aimerais dire que/je dirai tout d'abord...*

avant d'entrer dans le vif du sujet :

- *I would like to draw your attention to a specific/particular/ an interesting point.*

- *I have a comment to make.*

- *I have a remark to make on the third item/on the figures cited in the report/as regards...*

- *I note that Mrs. Spinoli's report is somewhat ambiguous/ does not take into account...*

- *I'm particularly concerned about one point...*

- *I am seriously worried about the lack of information regarding environmental protection.*

- *I would like to address the problem of...*

If you have a number of points to make, do not forget to structure them :

- *Mr. Chairman, I have several points to make : first of all..., secondly..., thirdly..., and finally...*

- *In the first place, I'd say..., in the second place etc.*

Even if this type of intervention requires an effort on the part of those who dislike speaking in public, the task is facilitated by the fact that you do not need to assert yourself in order to speak : you are given the floor and you then simply make your point.

Things become more complicated, however, if you have to ask for the floor. You must ensure that you make yourself heard and that people listen to what you are saying. You will be heard if you speak in a loud, clear voice, and you will be listened to if your arguments are sound.

Be convincing :

- *Gentlemen, I am obliged to take the floor...*

- *I feel I must come in here. We are totally missing the point.*

- *I feel bound to react to Mr. Leblanc's remarks. The problem is a serious one and he seems to underestimate its importance.*

- *I am sorry, gentlemen, but the Minister's recent statement does not say that at all (informal)/express that view at all.*

If you interrupt someone, do so tactfully :

- *Sorry to interrupt you/sorry to butt in (informal), but...*

- *J'aimerais attirer votre attention sur un point précis/particulier/intéressant.*
- *J'ai un commentaire à faire.*
- *J'aimerais faire une remarque sur le point 3/sur les chiffres cités dans ce rapport/en ce qui concerne...*
- *Je remarque que le rapport de Mme Spinoli présente une certaine ambiguïté/ne tient pas compte de...*
- *Un point me préoccupe particulièrement...*
- *Je suis gravement préoccupé par l'absence de renseignements en matière de protection de l'environnement.*
- *Je voudrais me pencher sur un problème ; celui de...*

Si vous désirez intervenir plus longuement, structurez votre pensée :

- *Monsieur le Président, j'ai plusieurs remarques à faire : tout d'abord..., ensuite..., puis..., enfin...*
- *Je dirai en premier lieu..., en deuxième lieu, etc.*

Ce type d'intervention, même s'il représente un effort pour celui qui n'aime pas parler en public, est facilité par le fait que vous n'avez pas à vous imposer pour parler : on vous donne la parole et vous n'avez plus qu'à vous exprimer.

La difficulté est plus grande si vous voulez intervenir sur votre propre initiative. Il faut alors savoir se faire entendre puis écouter. On se fait entendre avec une voix forte et posée, on se fait écouter avec une bonne argumentation.

A vous d'être convaincant.

- *Messieurs, je suis obligé d'intervenir...*
- *Je me vois dans l'obligation de réagir, nous nous fourvoyons complètement...*
- *Les propos de Monsieur Leblanc m'obligent à intervenir, il s'agit d'un problème grave dont il semble sous-estimer l'importance.*
- *Pardonnez-moi Messieurs, mais les récentes déclarations du Ministre de l'Economie ne vont pas du tout dans ce sens.*

Si vous coupez la parole à quelqu'un, faites-le avec tact :

- *Pardonnez-moi de vous interrompre, mais...*

- *Hold on/hang on (informal).*
- *I'm afraid I must interrupt you...*

Some remarks or the presentation of questionable evidence may prompt a brisk response :

- *How can you say that ?*
- *There is no proof of that/It's not certain.*
- *There is nothing to prove that this is what will happen/ that things will turn out that way.*

To soften your remarks, you can often use expressions like :

- *It seems to me/I think/I feel/I believe that...*

or shrewdly, "yes, but...", which makes what you have to say more acceptable as you interrupt someone to recognize the worth of his remarks, only to contradict them immediately by putting forward the opposite view.

As was stated at the beginning of this book, time is precious. Brevity is always appreciated. You can indicate your intention to be brief as follows :

- *Ladies and Gentlemen, I'll be brief.*
- *I would just like to say a few words about my project/I would just like to present my project. It will only take a few minutes/Very briefly/Very quickly, I'd like to present my project.*

It is nevertheless true that after having announced their intention to be brief, many speakers get bogged down in the details.

On the other hand, if you know that your speech is going to be a long one, state your reasons :

- *I'm going to have to go through a certain number of facts/ I hope you will bear with me, as the list is rather long.*
- *To give you a full understanding of the dossier, I'll go back over the facts as from 1987.*
- *Without wishing to delay this meeting unduly/any more than is necessary, I feel it would be helpful to recall/restate the different stages of our negotiation.*

Alternatively, you can apologize :

- *Là, je dois vous arrêter.../Je vous arrête... (informel).*
- *Excusez-moi, mais je dois vous interrompre...*

Après certains propos ou l'énoncé de faits contestables, on ne peut s'empêcher de réagir vivement :

- *Comment pouvez-vous dire cela ?*
- *Cela n'est pas prouvé/pas certain.*
- *Rien ne nous prouve que les choses vont évoluer dans ce sens.*

Pour atténuer ses propos, on utilise fréquemment des expressions comme :

- *Il me semble/je pense que/je crois que...*

ou peut-être plus pernicieux, le « oui, mais... » qui rend plus acceptable votre intervention puisque vous coupez la parole pour reconnaître la valeur de ce qui a été précédemment même si vous vous empressez de donner une opinion contraire.

Comme nous l'avons vu au début de ce livre, le temps est précieux. Une intervention courte est toujours bien accueillie, faites-le savoir tout de suite :

- *Messieurs, je serai bref.*
- *J'aimerais en quelques mots/en quelques minutes/très brièvement/de façon rapide vous exposer mon projet.*

Il est vrai cependant qu'après avoir annoncé leur désir d'être brefs, beaucoup d'orateurs se perdent dans les détails.

A l'inverse, si vous savez que votre intervention sera longue, donnez-en les raisons :

- *Je vais être contraint d'énumérer un certain nombre de faits/de vous imposer une liste un peu longue.*
- *Pour la bonne compréhension du dossier, je vais reprendre les faits depuis 1987.*
- *Je pense qu'il serait bon, sans prolonger outre mesure la durée de cette réunion, de vous rappeler les différentes étapes de notre négociation.*

ou bien excusez-vous :

● *I hope you will forgive my reading out these figures, but I feel it is necessary at this stage in our work/but I'm sure you'll understand the need to do so/the importance of doing so (this sentence is often used even if the need or the importance is not always so clear).*

● *I'm afraid this presentation may have seemed rather long and drawn out, but clarification was needed.*

When you have several points to make, you often specify the exact number. This makes it easier for your listeners to remember but you must be clear about what they are if you are speaking without notes. Many speakers, having announced six points, go blank and cannot recall their fifth or sixth point.

● *Mr. Chairman, I would like to make six points : the first is..., the second concerns..., the third is related to..., as for my sixth and last point, it has to do with...*

● *I have three remarks to make.*

● *I would like to broach three different aspects...*

● *I would like to voice three concerns.*

● *Two thoughts spring to mind...*

• *Vous me pardonnerez cette énumération de chiffres, mais elle me paraît nécessaire à ce stade des travaux, mais vous en comprendrez la nécessité/l'importance.* (cette phrase est souvent employée même si la nécessité ou l'importance ne sont pas toujours évidentes.)

• *Cet exposé vous a paru un peu long/un peu fastidieux mais une mise au point s'imposait.*

Dans le cas où vous souhaitez mentionner plusieurs points, on précise fréquemment le nombre exact de remarques. Cela favorise la mémorisation pour ceux qui écoutent mais il faut veiller à bien les avoir en tête si on parle sans note. Plus d'un orateur, après avoir annoncé six points a eu un trou de mémoire et ne retrouvait plus son cinquième ou sixième point.

• *Monsieur le Président, je voudrais évoquer six points : le premier est..., le deuxième point concerne..., le troisième se rapporte à..., quant au sixième et dernier point, il touche...*

• *J'ai trois remarques à faire.*

• *J'aimerais aborder trois différents aspects...*

• *Je voudrais exprimer trois préoccupations...*

• *Deux réflexions me viennent à l'esprit...*

Expressing your opinion

Many meetings go on too long and frequently at the end of a meeting which has lasted all morning, someone will say: "We could have settled this matter in under an hour". Very often a note or a telephone call would have been just as effective. Several factors are involved here : preparation, organisation, co-ordination, but, above all, time management.

The role of the chair is essential here, but if everyone could stick to certain rules, a considerable amount of time would be saved and efficiency would be improved. The first rule is plain common sense but it tends to be forgotten : "do not speak unless you have something to say".

If each person asked himself the question "Is what I have to say directly related to the subject ?", irrelevant comparisons, superfluous digressions and sterile monologues could be avoided. Even though we all fall into this trap, we hate to see others doing it. This is why all apt observations are warmly welcomed by the other participants.

Chapitre 2

Donner son opinion

Beaucoup de réunions sont trop longues et on entend fréquemment à la fin d'un réunion qui a duré toute une matinée : « Cette affaire aurait pu être réglée en une heure ». Bien souvent une note et quelques coups de téléphone auraient permis d'obtenir le même résultat. Cela tient à plusieurs facteurs : préparation, organisation, coordination mais surtout *gestion du temps.*

Le rôle du président de séance est capital à cet égard *, mais si chacun voulait bien se plier à certaines règles d'efficacité le gain de temps serait considérable. Parmi ces règles, la première qui relève du bon sens mais que l'on a tendance à oublier : *ne parler que lorsque l'on a quelque chose à dire.*

Si avant d'intervenir chacun se demandait : « Est-ce que mon intervention est directement liée au sujet ? », on éviterait les comparaisons inutiles, les digressions superflues et les monologues stériles. S'il nous arrive à tous de tomber dans ce piège, nous le redoutons chez les autres. C'est pourquoi toute intervention justifiée sera accueillie avec bienveillance par les autres participants.

---

* Cf. Bénédicte Lapeyre et Pamela Sheppard, *« Conduire une réunion en Anglais comme en Français »*, Les Editions d'Organisation.

● *Allow me to remind you that the situation was identical/ there was a similar case in 1975 and we opted for a reduction in maintenance costs. There's no need to recall the dire consequences which that entailed.*

● *It seems to me that we are forgetting the lessons of the past.*

● *We have to take into account/take into consideration the uncertainty of the situation/the healthy situation in the stock market/ the efforts already made by industry/the employees have already made, etc.*

● *On the basis of/If we refer to...*

● *Bearing in mind.../Not forgetting...*

If you speak after a colleague whose opinion you do not share, you can influence the course of the debate by the attitude you adopt : If you wish to stay on good terms, begin by congratulating him or her on a point which involves no commitment on your part or by showing your esteem :

● *Following this very interesting presentation...*

● *Following this remarkable presentation...*

● *Following Mr. Lange's excellent presentation, I have only one remark to make, but it concerns an important issue...*

● *We have just heard a remarkable presentation. A single observation springs to mind : why was there no mention of a delivery time ? In my view that is what should determine our choice for this type of merchandise.*

● *We have greatly appreciated Mrs. V's excellent presentation.*

● *As usual we have all appreciated the clarity, the conciseness of Mrs. X's presentation, but it seems to me that only one side of the problem has been examined.*

● *First of all I would like to pay tribute to the excellent job/ work done by the group of experts.*

In contrast, if for strategic reasons you wish to play down the work or the influence of the previous speaker, veiled criticism is always possible :

INTERVENIR DANS UNE RÉUNION

- *Permettez-moi de vous rappeler qu'une situation identique/ qu'un cas semblable s'est déjà produit(e) en 1975 et nous avons opté, à l'époque, pour une diminution des frais de maintenance. Il est inutile de rappeler aujourd'hui les conséquences catastrophiques que cela a entraînées.*
- *Il me semble que l'on oublie les leçons du passé.*

- *Il faut prendre en compte/tenir compte de la précarité de la situation/la bonne tenue des valeurs boursières/l'effort déjà fourni par les entreprises/les salariés, etc.*

- *En nous fondant sur.../En nous référant à...*
- *Ayant présent à l'esprit.../Sans oublier...*

Si vous intervenez après un collègue dont vous ne partagez pas l'opinion, vous pouvez adopter des attitudes différentes suivant le tour que vous voulez donner au débat. Si vous voulez garder de bons rapports, commencez par le féliciter sur un point qui ne vous engage pas ou par marquer votre estime :

- *Après l'exposé très intéressant.*
- *Après le brillant exposé...*
- *Après la brillante intervention de Monsieur Lange, je ne ferai qu'une remarque mais elle concerne un point important...*
- *Nous venons d'entendre un brillant exposé, une seule remarque me vient à l'esprit : pourquoi n'est-il fait aucune allusion aux délais de livraison ? C'est à mon avis un élément capital dans notre choix pour des marchandises de ce type.*
- *Nous avons tous apprécié l'excellente présentation de Mme V.*
- *Comme d'habitude nous avons apprécié la clarté, la concision de l'exposé de madame X, mais il me semble qu'un seul aspect du problème a été étudié.*
- *J'aimerais tout d'abord rendre hommage à l'excellent travail fourni par le groupe d'experts qui a travaillé sur cette étude...*

Au contraire, si pour des raisons de stratégie vous voulez minimiser le travail ou l'influence de l'orateur précédent, une critique même déguisée est toujours possible :

- *This report is not without relevance, but unfortunately it is not up to date. As you have no doubt noticed, it does not include the sales figures for our Mans branch.*
- *Although this report is rather brief, it at least points very clearly to the weaknesses of our security system.*
- *In spite of certain omissions, this study shows that...*
- *Although there are some issues which have not been covered in this report, it's a good starting point for our talks.*
- *The document has a certain bias, which is, I would say (pause to find the right word)... optimistic/favourable/advantageous and takes no account of certain truths.*

To soften your criticism, you can show understanding for the opinion expressed :

- *I fully sympathize with/understand the line Mrs. X has taken, but we must be clear in our minds on/we must not forget the financial imperatives.*
- *I know it is difficult to get an overall view of such a complex problem, but my feeling is that we could find more economical solutions.*

or you can provide excuses :

- *I know that you didn't have sufficient time to draft this memo, and therefore I'm prepared to overlook the fact that a few points have been forgotten/a few omissions/a few careless mistakes (much stronger).*
- *You were not in possession of all the information (formal) you didn't have all the information.*
- *You did not have all the evidence available/you were not in possession of all the information (formal), therefore there was no way you could know that.*
- *The third term figures only became available last week, so it was difficult for you to take these figures into account in your calculations. I'm fully aware of that, but I think the increase could have been foreseen. There were a lot of premonitory signs. The collapse of certain share prices is a good example.*

● *Ce rapport n'est pas dépourvu d'intérêt, mais il est malheureusement incomplet, il n'y figure pas, comme vous avez pu le constater, les chiffres des ventes de notre succursale du Mans.*

● *Quoiqu'un peu succinct, ce rapport a le mérite de montrer clairement les carences de notre système de sécurité.*

● *Malgré ses lacunes cette étude montre...*

● *Bien que tous les points n'aient pas été évoqués dans ce rapport, il constitue le point de départ de nos réflexions.*

● *Le document a été présenté dans une certaine optique, je dirai (on essaie de trouver le mot juste) optimiste/favorable/ avantageuse qui ne tient pas compte de certaines réalités.*

Pour atténuer sa critique, on peut montrer un esprit compréhensif :

● *Je comprends parfaitement l'orientation choisie par Monsieur X, mais nous devons rester lucides/mais il ne faut pas oublier les impératifs financiers.*

● *Je sais qu'il est difficile d'avoir une vision d'ensemble d'un problème aussi complexe, mais il semble qu'on pourrait trouver des solutions plus économiques.*

ou fournir des excuses :

● *Je sais que vous disposiez de peu de temps pour rédiger cette note, c'est pourquoi je ne vous tiendrai pas rigueur de quelques oublis, de quelques lacunes, de quelques négligences (nettement plus dur).*

● *Vous n'aviez pas toutes les informations en votre possession/ vous ne possédiez pas toutes les informations.*

● *Vous n'aviez pas tous les éléments à votre disposition/vous ne disposiez pas de tous les éléments, vous ne pouviez donc pas savoir que...*

● *Les chiffres du troisième trimestre n'ont été disponibles que la semaine dernière, dans ce cas il était difficile d'intégrer ces données dans vos calculs, j'en suis tout à fait conscient, mais il me semble qu'on aurait pu prévoir cette augmentation. Il y avait eu de nombreux signes avant-coureurs. Je citerai comme exemple l'effondrement de certaines valeurs boursières.*

* Cf. Bénédicte Lapeyre et Pamela Sheppard, « *Conduire une réunion en Anglais comme en Français* », Les Éditions d'Organisation.

Ⓒ Les éditions d'organisation

Chapter 3

Asking for clarification.
Asking probing questions,

In certain meetings or conferences, participants may wish to put questions, or they may be invited to do so. The aim here is not to express an opinion, but to obtain further information (although in a press conference-style of conference the question itself embodies a way of expressing an opinion and usually corresponds to the political outlook of the questioner). The following expressions are examples of questions requesting further information :

- *Could you give the exact figures ?*
- *Would it be possible for you to give us the overall results ?*
- *How do you intend to obtain these results/to achieve your objective/to reach your goal ?*
- *What means/what method do you intend to use to reduce the deficit ?*
- *Is it your intention to have recourse to (formal)... ?*
- *Are you envisaging reducing personnel/staff/a reduction in staff ?*

Chapitre 3

Poser des questions.
Demander des précisions

Dans certaines réunions ou conférences, les participants souhaitent ou sont conviés à poser des questions. Le but de leur intervention sera non pas d'exprimer leur opinion mais d'obtenir plus d'informations (bien que dans des conférences du type « conférence de presse » la question en elle-même soit déjà une manière d'exprimer son opinion et corresponde souvent à la sensibilité politique de celui qui la pose). Nous allons citer quelques exemples de phrases qui permettent de connaître plus de précisions :

- *Pouvez-vous citer des chiffres précis ?*
- *Etes-vous en mesure de nous donner les résultats globaux ?*
- *Comment comptez-vous obtenir ces résultats/atteindre votre objectif/parvenir à votre but ?*
- *Par quel moyen/par quelle méthode comptez-vous réduire le déficit ?*
- *Est-il dans vos intentions de recourir à ... ?*
- *Envisagez-vous de réduire votre personnel/vos effectifs ?*

● *Do you feel it's the right time to impose additional costs on an industry which is already in decline ?*

Courtesy sometimes dictates that you claim that you are not clear about an issue when really it is the previous speaker who has not made himself clear :

● *I'm sorry, but I'm not sure what you are getting at (informal) I'm not sure I fully grasp what you are implying.*

● *Are you saying that this sector is bound to disappear in the near future ?*

● *I'm afraid I'm not clear on what you said. Is there a real intention to abolish controls at this level ?*

This type of attitude is sometimes adopted by participants when they have understood perfectly well what the previous speaker meant, but they wish to make him state his exact position clearly or publicly :

● *I'm verry sorry to come back on this point, but I don't quite see exactly how you are going to stimulate the economy/curb expenditure/find new openings, etc.*

● *Must I deduce/conclude that you are prepared to accept their conditions ?*

● *Am I to assume that you refuse ?*

● *Should I see/view/interpret your answer as a refusal ?*

● *Must we deduce that your decision is final ?*

● *Should we assume that your decision is already taken ?*

● *Have you contemplated/thought of... ?*

Questions can probe into motives :

● *Why have you given up the merger plan with the firm ?*

● *Do you intend to call up private capital and, if so, in what proportion ?*

● *Pensez-vous que le moment soit bien choisi pour imposer des charges supplémentaires à une industrie déjà en perte de vitesse ?*

Par courtoisie, on reprend à son compte une mauvaise compréhension alors qu'il s'agit parfois d'un manque de clarté de la part de l'interlocuteur précédent :

● *Pardonnez-moi, mais je ne suis pas sûr d'avoir bien saisi la portée de vos paroles.*

● *Voulez-vous dire que ce secteur soit condamné dans un avenir proche ?*

● *J'ai peur de n'avoir pas bien compris. Est-il vraiment question de supprimer les contrôles à ce niveau ?*

Il arrive parfois que certains participants utilisent ce type d'attitude alors qu'ils ont parfaitement compris le sens de l'intervention précédente, ils désirent faire dire nettement et peut-être publiquement quelle est exactement la position de celui qui s'est exprimé avant :

● *Je suis désolé de revenir sur ce point, mais je ne vois pas clairement comment vous allez stimuler l'économie/comprimer les dépenses/trouver de nouveaux débouchés etc.*

● *Dois-je en déduire/en conclure que vous êtes prêt à accepter leurs conditions ?*

● *Dois-je comprendre que vous refusez ?*

● *Dois-je interpréter votre réponse comme un refus ?*

● *Devons-nous en déduire que votre décision est sans appel ?*

● *Devons-nous comprendre que votre décision est déjà prise ?*

● *Avez-vous songé à/pensé à ... ?*

Les questions peuvent porter sur les motifs :

● *Pourquoi avez-vous renoncé au projet de fusion avec la firme... ?*

● *Avez-vous l'intention de faire appel à des capitaux privés et si oui, dans quelle proportion ?*

• *You are reported to be involved in talks to set up a large-scale venture with a big French conglomerate. Is that true/is there any truth in that ?*

or into the means :
• *How do you intend to reduce production costs ?*

• *Do you believe these reforms will have an effect on the economy/will have the desired effect/will be achieved in spite of the uncertain situation ?/will not incur a reduction in the rate ?*
• *On what terms do you intend to start negotiations with... ?*

Deadlines can be the object of clarification :
• *What date have you fixed for the start/the resumption/the end of the work ?*
• *When do you intend to implement the programme/apply these reforms/these measures ?*
• *Have you already established a timetable for the meetings ?*

If you are concerned that your remarks may be misinterpreted, you can apologize in advance for your bluntness to avoid souring the atmosphere :
• *Forgive me for being so frank/blunt, but we should like to know your reasons for parting with/getting rid of (informal)/selling off such a prosperous/flourishing/rapidly expanding business.*

• *No offence meant, but... (informal). I do hope you won't find my question offensive, but I would like to know why you have recently taken out a new loan ?*
• *I hope you don't mind my asking you this, but we have to have complete trust in one another.*

You may wish to underline your good faith :
• *Rest assured/I assure you that I meant no offence by my question.*

● *On dit que vous êtes en pourparlers pour une opération de grande envergure avec un grand groupe français. Est-ce exact ?*

les moyens :

● *Comment comptez-vous procéder pour réduire les coûts de production ?*

● *Pensez-vous que ces réformes auront un effet sur l'économie/ produiront l'effet escompté/seront réalisables malgré une situation précaire/n'entraîneront pas une baisse de régime ?*

● *En quels termes avez-vous l'intention d'entamer les négociations avec... ?*

les échéances :

● *A quelle date avez-vous fixé le début/la fin/la reprise des travaux ?*

● *Quand comptez-vous mettre en oeuvre ce programme/appliquer ces réformes/ces mesures ?*

● *Avez-vous déjà établi le calendrier de ces rencontres ?*

Si vous avez peur que vos paroles ne soient mal interprétées et pour éviter que le climat ne se détériore, vous pouvez vous excuser du caractère désagréable de certains propos :

● *Pardonnez-moi d'aborder le problème de façon aussi directe mais nous voudrions savoir quelles sont les raisons qui vous poussent à vous séparer/défaire d'une affaire aussi florissante/en pleine expansion.*

● *Ne voyez aucun caractère désobligeant dans ma question mais j'aimerais savoir pourquoi vous avez contracté récemment un nouvel emprunt ?*

● *Ma question vous paraîtra peut-être un peu indiscrète mais il doit y avoir entre nous une confiance totale.*

et assurer votre interlocuteur de votre bonne foi :

● *Soyez certain/assuré que ma question n'avait rien de désobligeant...*

- *It's not that I'm implying (informal)/Far be it from me to imply...*
- *I do not doubt your sincerity, but the figures are not an accurate reflection of the situation.*
- *Not for a moment did I believe that...*

● *Loin de moi l'idée de croire que...*

● *Je ne mets pas en doute votre sincérité mais ces chiffres ne reflètent pas la situation exacte.*

● *Je n'ai jamais cru un seul instant que...*

Chapter 4

Proposing solutions and defending your viewpoint

Once you have given your view, put your questions and asked for clarification, you will need to defend your viewpoint by proposing solutions which show that your purpose is to be constructive. Do not forget that it is easy to criticize, but quite another matter to propose a better alternative ("Fools rush in where angels fear to tread" Pope). You can only defend your point of view if you have convincing proof. This presupposes that you are capable of analysing the situation accurately and then proceeding with logic and method.

If yours is the only proposal on the table, you should concentrate on convincing others that your option is the right one.

● *If we adopt this solution, we shall avoid the main pitfalls, namely, confrontation with the unions, people challenging previous agreements. Believe me, we have everything to gain here.*

● *What we need is a lasting settlement and this one will allow us to plan for the long term. We'll avoid the harmful effects of an artificial reduction in unemployment.*

Chapitre 4

Proposer des solutions et défendre son point de vue

Après avoir déjà donné votre opinion, posé des questions, demandé des éclaircissements, il vous faudra parfois défendre votre point de vue en proposant des solutions de façon à vous montrer constructif. N'oublions pas que « *la critique est aisée mais l'art est difficile* ». *Défendre efficacement son point de vue n'est possible que si vous apportez des éléments convaincants. Il faut pour cela être capable d'analyse, agir avec méthode et faire preuve de logique.*

Si votre proposition est seule en jeu, le but de votre intervention sera essentiellement de persuader votre auditoire du bien fondé de votre option.

● *En adoptant cette solution, nous évitons les principaux écueils : conflits avec les syndicats, remise en cause des précédents accords. Nous avons tout à gagner, croyez-moi.*

● *Ce qu'il nous faut, c'est une solution durable et celle-ci nous permet de raisonner à long terme. Nous éviterons ainsi les effets pernicieux d'une réduction artificielle du chômage.*

- *I would underline the advantages of this solution...*
- *The advantages of this solution are numerous.*

- *In view of the seriousness of the situation/the good results obtained/the disastrous results recorded, stringent measures are called for...*

Be categorical :
- *This is the only method which has proved its worth. It works (informal). Look at what has already been achieved in the space of a few months!*

- *I've looked into this problem very thoroughly, and personally, I don't see any other way out.*

Ask questions and then supply the answers :
- *Can you think of a better method/solution? No, because there isn't one.*

When there are several conflicting proposals, you will first have to refute the other side's arguments, before putting your own case :
- *Mr. X's proposal takes no account of..., but you know perfectly well that this will lead to Mr. Y's resignation, which is not acceptable to us.*

- *The project which has just been put forward requires considerable investment and you know/you are well aware that our financial situation is not exactly brilliant (informal)/is far from brilliant at the moment.*

- *In that case, we'll need to consider refurbishing the premises and we only had them renovated last year. It wouldn't be reasonable/ logical. On the other hand, we could set up a plant in Cergy. That would present a number of advantages.*

Stress your professional experience and reliability :
- *Speaking as someone with a fair amount of management experience, I can assure you that...*

- *J'aimerais souligner les avantages de cette solution...*
- *Les avantages de cette solution sont multiples...*
- *Etant donné la gravité de la situation/les bons résultats obtenus/les résultats déplorables enregistrés, des mesures énergiques s'imposent.*

N'hésitez pas à être catégorique :

- *Cette méthode est la seule qui ait fait ses preuves. Elle marche (informel). Voyez les résultats déjà obtenus en quelques mois !*

- *Je me suis longuement penché(e) sur ce problème et pour ma part, je ne vois pas d'autre issue.*

Faites les questions et les réponses :

- *Voyez-vous une autre méthode/une autre solution ? Non, il n'en existe pas d'autre.*

Au contraire si plusieurs thèses s'affrontent, il vous faudra commencer par détruire l'argumentation adverse avant de défendre la vôtre :

- *La proposition de M. X ne tient pas compte de..., or vous savez très bien que cela entraînerait le départ de..., ce que nous ne pouvons accepter.*
- *Le projet que l'on vient de nous soumettre implique une mise de fonds importante et vous savez/vous n'êtes pas sans savoir que notre situation financière est loin d'être brillante en ce moment.*

- *Dans ce cas, il faudrait envisager une modification des locaux et nous avons rénové les locaux l'an passé, ce ne serait pas rationnel/logique. A l'inverse nous pourrions nous implanter à Cergy, ce serait intéressant sur plusieurs plans... ?*

Insistez sur votre professionnalisme et votre sérieux :

- *Ayant une certaine expérience dans le domaine de la gestion, je peux vous assurer que...*

● *Having worked in biotechnological research for ten years, I'm absolutely convinced that...*

You will be more persuasive if you underline the importance of what is at stake :

● *You know how important this matter is to us/what this contract means to us.*

● *I do not need to remind you that the fate of three hundred people depends on this meeting.*

● *Our good name is at stake.*

● *We won't find a solution by burying our heads in the sand. Let's face facts/We must see things as they are.*

● *We face a serious problem.*

● *We have to face up to foreign competition.*

Now it will be easier for you to argue your case convincingly :

● *In this context/under these conditions/under the circumstances/in that case, you will understand why I particularly stress this point.*

● *We have to take our analysis a step further, and I would like to set out some principles which might serve as guidelines.*

Sometimes you may need to insist :

● *We have to be absolutely clear about this aspect of the problem.*

● *I must insist on the need to revise our insurance contracts. We are not adequately covered in case of...*

● *I reiterate my request : without an increase in staff our department will soon no longer be able to carry out our work effectively.*

● *Travaillant depuis 10 ans sur la recherche en bio-technologie, j'ai acquis la certitude que...*

Vous serez mieux écouté si vous soulignez l'importance de l'enjeu :

● *Vous savez combien cette affaire est importante pour nous/ ce que ce contrat représente pour nous.*

● *Je n'ai pas besoin de vous rappeler que de cette réunion dépend le sort de plus de trois cents personnes.*

● *Notre crédibilité est en jeu.*

● *Ce n'est pas en adoptant la politique de l'autruche que nous trouverons une solution. Regardons la vérité en face/Voyons les choses telles qu'elles sont.*

● *Nous sommes confrontés à un problème grave.*

● *Nous devons affronter/faire face à la concurrence étrangère.*

Maintenant, il vous sera plus facile de valoriser votre opinion :

● *Dans ce contexte/dans ces conditions/dans ces circonstances/ dans cette hypothèse, vous comprendrez pourquoi j'insiste particulièrement sur ce point.*

● *Il faut aller plus loin dans notre réflexion et, à cette fin, j'aimerais énoncer quelques principes susceptibles de guider notre démarche...*

Il faut parfois insister :

● *Je me permets d'insister sur cet aspect du problème.*

● *Je souligne avec force la nécessité d'une révision de nos contrats d'assurance, nous ne sommes pas suffisamment couverts en cas de...*

● *Je répète ma demande : sans une augmentation d'effectif dans notre service, nous ne serons bientôt plus en mesure d'accomplir notre travail convenablement.*

Chapter 5

Welcoming/opposing proposals and expressing reservations

Although the goal of a meeting is not always to reach a decision, there is usually a general discussion when everyone gives his opinion. As we have just seen, you can give your own view, but you may also wish to define your position with regard to someone else's view.

You may share their view, or you may share it with reservations, or you may be opposed to it.

Signalling agreement

There are many ways of expressing agreement. The following examples range from the simple to the more elaborate :

- *I'm in favour (informal).*
- *I agree/I quite agree/I fully agree.*

- *You are absolutely right.*
- *I'm of the same opinion.*

Chapitre 5

Accueillir favorablement/défavorablement avec réserve

Bien que le but des réunions ne soit pas toujours d'arriver à une prise de décision, il y a en général « concertation » et chacun doit exprimer son opinion. On peut donner sa propre vision des choses, comme nous venons de le voir. On peut également se situer par rapport'à une opinion déjà exprimée précédemment.

On peut la partager, la partager avec des réserves ou bien y être opposé.

Accueillir favorablement

De nombreuses phrases permettent d'exprimer son accord. Les voici en allant des plus simples aux plus élaborées :

- *Je suis pour (informel).*
- *Je suis d'accord/tout à fait d'accord/entièrement d'accord/ c'est mon avis/c'est également mon avis.*
- *Vous avez tout à fait raison.*
- *Je suis du même avis.*

- *That is also my view.*
- *That's my position too.*
- *We have the same approach.*
- *I share your view.*
- *You have my support/you have my backing.*
- *I thoroughly endorse your proposal/I fully approve of your proposal.*
- *That's exactly what I think.*
- *We agree on all counts.*
- *I see that we are thinking along the same lines.*

Reservations

You may have the same approach, but diverge on certain specific issues; in that case, you will have to qualify your reply as follows:

- *I agree for the most part/in the main.*
- *I partly agree.*
- *I have a slightly different view.*
- *I have a few reservations: firstly with regard to... secondly in respect of...*
- *I would like to voice a reservation (formal).*

You may choose to play down the points of disagreement:

- *Apart from a few details, I share your view.*

- *I endorse for the most part what my colleague has said.*

- *I share you opinion except for/with the exception of one minor point.*
- *I fully understand Mrs. Longuet's reasoning, but I do not wish to look so far ahead, and in the short term I feel that...*

Instead you may wish to stress the importance of the disagreement:

- *Although our positions are fairly close, we cannot agree to give up.*

- *C'est également mon opinion.*
- *C'est également ma position.*
- *Nous avons la même approche.*
- *Nous partageons le même point de vue.*
- *Vous avez mon soutien/je vous apporte mon soutien.*
- *Je vous approuve tout à fait/je ne peux que vous approuver.*

- *Vous traduisez ma pensée.*
- *Nous sommes en tous points d'accord.*
- *Je vois que nos positions se rejoignent.*

Accueillir avec réserves

Vous pouvez avoir une approche commune mais certaines divergences sur des points précis ; dans ce cas, il faut nuancer sa réponse :

- *Je suis en grande partie d'accord/globalement d'accord.*
- *Je suis partiellement d'accord.*
- *J'ai une vision légèrement différente.*
- *J'ai quelques réserves à faire : d'abord à propos de... ensuite en ce qui concerne...*
- *Je voudrais émettre une réserve.*

On peut choisir de minimiser les points de désaccord :

- *A l'exception de quelques points de détails, je suis du même avis.*
- *Je souscris en grande partie à ce que vient de dire mon collègue.*
- *Je partage votre avis sauf sur/à l'exception d'un point d'importance mineure.*
- *Je comprend parfaitement le raisonnement de Madame Longuet, mais je ne vois pas aussi loin et à court terme il me semble que...*

ou au contraire d'en accentuer l'importance :

- *Bien que nos positions soient assez voisines, nous ne pouvons accepter de renoncer à...*

● *I see things in a very different light. I have many points to make here.*

● *I only agree with you on one point : the need to diversify our operations. As regards the remaining issues I'm afraid I beg to differ (formal)/I have a different view/I see things differently.*

Opposing a proposal

As was stated at the beginning of the second part of this book, the tone you use will carry meaning for your partners. If you wish to be taken seriously, your tone should match your words. It may be advisable to express your disagreement with determination rather than authority if you are talking to your superiors or if you wish to avoid personality clashes. Determination and credibility often go hand in hand. In cross-cultural meetings, reactions may be very different. Some will react emphatically and flamboyantly, while others will reveal nothing either in their tone of voice or facial expression. It is up to you to adopt the attitude which best suits the circumstances, the participants, your strategy, but, above all, your personality.

In a direct and informal style, you will say :

● *I'm against/I'm totally against/I don't agree at all.*

In a more formal meeting, you will say :

● *I'm totally opposed to this solution.*

● *I'm going to make it quite clear. This solution is unacceptable.*

● *I object to/protest against this idea which goes against/flies in the face of what was decided by the previous committee.*

● *We are in no way convinced by the arguments which have been put forward.*

● *Allow me to express my disagreement/my opposition/my disapproval (formal).*

• *Je vois les choses de façon sensiblement différentes. J'aurai de nombreuses remarques à faire.*

• *Je partage votre avis sur un seul point : c'est la nécessité de diversifier nos activités. Pour le reste vous me permettrez d'avoir une approche contraire/d'avoir une optique différente/de voir les choses différemment.*

Accueillir défavorablement

Comme nous le rappelions au début de la deuxième partie de ce livre, le ton que vous allez employer sera une indication pour ceux qui vous écoutent. Si vous voulez être pris au sérieux, il faut accorder votre ton et vos paroles. Pour des raisons de hiérarchie aussi bien que de personnalité il n'est pas toujours conseillé d'exprimer son désaccord avec autorité mais plutôt avec détermination. La détermination va souvent de pair avec la crédibilité. Lorsque des réunions mettent en présence des protagonistes de différentes cultures, on remarque des réactions très diverses. Certains réagiront de manière violente et ostentatoire, alors que d'autres ne laisseront rien paraître, ni dans leur voix, ni sur leur visage. C'est à vous d'adopter l'attitude qui convient le mieux aux circonstances, aux participants, à votre stratégie mais surtout à votre personnalité.

De façon directe et informelle vous direz :

• *Je suis contre/Je suis tout à fait contre/Je ne suis pas d'accord/Je ne suis pas du tout d'accord.*

Dans une réunion plus formelle vous direz :

• *Je suis tout à fait opposé à cette solution.*

• *Je le dirai très nettement. Cette solution est inacceptable.*

• *Je m'élève contre cette idée qui va à l'encontre de ce qui avait été décidé dans la précédente commission.*

• *Les arguments avancés ne nous ont nullement convaincus.*

• *Qu'il me soit permis d'exprimer mon désaccord/mon opposition/ma désapprobation (formel).*

- *It is out of the question that we should accept such conditions/such unfavourable conditions.*

- *You will never gain our consent to such a project.*

- *Under no circumstances would we put our name to such an initiative.*

© Les éditions d'organisation

- *Il est hors de question que nous acceptions des conditions pareilles/de telles conditions/des conditions aussi défavorables.*

- *Jamais vous n'obtiendrez notre adhésion à un tel projet.*

- *En aucun cas, nous n'accepterons de nous associer à cette initiative.*

Chapter 6
Expressing concern,
dissatisfaction
and regret

As events unfold, you may have to respond to proposals studied and decisions taken. These reactions will vary between dissatisfaction, concern, indifference and satisfaction. Once again, depending on your personality and the strategy you have adopted, you will be more or less direct. These expressions may come in useful.

Concern

Opinions are not always clear. Some proposals or decisions may cause fears which you will quite rightly wish to express. Fears may lead to hesitation :

- *I'm concerned about the way the situation is developing.*
- *I note with concern/with growing concern the increase in the deficit.*

Chapitre 6
Comment exprimer son inquiétude, son mécontentement, ses regrets

Suivant le cours des événements vous pouvez être amené à exprimer vos réactions sur les propositions qui sont étudiées ou les décisions qui sont prises. Ces réactions varient entre le mécontentement, l'inquiétude, l'indifférence ou la satisfaction. Une fois encore, en fonction de votre personnalité et de la stratégie que vous avez adoptée, vous réagirez de façon plus ou moins directe. Voici quelques phrases qui vous aideront.

L'inquiétude

Les opinions ne sont pas toujours très nettes. Certaines propositions ou décisions provoquent des inquiétudes qu'il est légitime d'exprimer. Ces inquiétudes, à leur tour, donnent naissance à des hésitations :

● *Je suis inquiet de l'évolution de la situation.*

● *Je note avec inquiétude/avec une inquiétude croissante l'augmentation du déficit.*

● *Who wouldn't be worried when one realizes that/when one analyses/when takes a close look at...*

● *I'm worried and I make no bones about it.*

● *Ladies and gentlemen, are you aware of the risks involved ?*

● *Are you sure you have weighed up the implications/consequences of this commitment ?*

● *Under the circumstances our concern is fully justified/we are entitled to feel concerned/you will understand our concern/you will understand why we are concerned.*

Having shown your concern, your hesitation will be more understandable :

● *I still have some misgivings.*

● *I still have my doubts/I'm not totally convinced.*

● *I note your arguments but I'm still sceptical. I can't help thinking that there is another way to settle/to solve/to cope with (informal) this problem.*

Make it clear that you are open-minded :

● *I'm tempted to accept but I feel it would be wise to ask for more time to think about it.*

● *We haven't yet decided on/defined our position. We need further information on some specific points. We need to proceed with caution/to be very careful.*

● *I feel I need a few days to think about it before committing myself. Perhaps we should even re-examine the applications.*

● *Before giving my opinion/before taking a decision, I should like to re-examine/take another look at (informal) the accounts, but that should not take too long.*

- *Comment ne pas être inquiet quand on sait que.../en analysant.../en étudiant de près...*

- *Je ne vous cacherai pas mon inquiétude.*

- *Mesdames et Messieurs, avez-vous conscience des risques que nous courons ?*

- *Etes-vous sûrs d'avoir mesuré la portée/les conséquences d'un tel engagement ?*

- *Etant donné les circonstances, notre inquiétude est légitime/ nous avons le droit d'être inquiets/vous comprendrez nos inquiétudes/ que nous soyons inquiets.*

Après avoir marqué vos inquiétudes, vos hésitations apparaîtront plus compréhensibles :

- *J'hésite encore/je suis hésitant (informel).*

- *J'ai encore quelques hésitations/je ne suis pas tout à fait convaincu.*

- *J'ai pris note de vos arguments mais je reste sceptique. Je ne peux m'empêcher de penser qu'il y a un autre moyen de régler/ de résoudre/de venir à bout (informel) de ce problème.*

Montrez-vous ouvert :

- *Je suis tenté d'accepter mais la prudence me pousse à demander un délai de réflexion supplémentaire.*

- *Notre position n'est pas encore arrêtée/définie, il nous manque encore certaines précisions/certains éléments d'information. Il faut agir avec prudence/avec sagesse.*

- *Quelques jours de réflexion me semblent nécessaires avant de m'engager. Peut-être faudrait-il même procéder à un réexamen des candidatures.*

- *Avant de formuler une opinion/avant de prendre une décision, j'aimerais procéder à un nouvel examen des comptes mais cela ne devrait pas être long.*

Expressing dissatisfaction

Unfortunately, unanimous proposals and decisions are rare. If, in spite of your concern a decision which you find unsatisfactory is taken, you can always express your dissatisfaction or your regret. Although this is not an easy situation to handle, here are some examples :

● *I'm not happy/I'm not altogether happy about this (informal).*

● *We are not satisfied.*

● *It's not on (informal). This is not what was envisaged at the outset.*

In a more formal situation, say :

● *I feel bound to express my dissatisfaction.*

● *I deplore the casual way this whole matter has been dealt with.*

● *I am compelled to say how dissatisfied I am/I am bound to voice my dissatisfaction.*

● *I am sorry to note/I am deeply sorry to note/I regret to note that everyone here seems indifferent to the pressing question of consumer protection.*

More emphatically, you can say :

● *I mean to be quite clear : this solution is unacceptable.*

● *We were not expecting such a decision.*

To avoid being isolated, you can make another participant's dissatisfaction your own :

● *I understand and share my colleague's anger/annoyance/disappointement/regret/dissatisfaction/and I'm not far from sharing it myself (here you distance yourself somewhat).*

To end this book on a positive and cordial note, the last chapter will deal with satisfaction and thanks.

Exprimer son mécontentement

Malheureusement, les propositions ou les décisions font rarement l'unanimité et si, malgré vos inquiétudes, une décision qui ne vous satisfait pas est prise, il ne vous reste qu'à exprimer votre mécontentement ou vos regrets. Ce n'est pas toujours évident mais si cette possibilité vous est donnée voici quelques phrases qui vous aideront :

- *Je ne suis pas content/pas du tout content (informel).*

- *Nous ne sommes pas satisfaits.*

- *Cela ne va pas du tout (informel). Ce n'est pas ce qui était prévu au départ.*

De façon plus formelle :

- *Je tiens à exprimer mon mécontentement.*

- *Je déplore la légèreté avec laquelle cette affaire a été menée.*

- *Je suis obligé d'exprimer mon mécontentement/Je me vois contraint d'exprimer mon mécontentement (formel).*

- *Je constate avec tristesse/avec une infinie tristesse/avec regret que tout le monde ici semble indifférent à la demande pressante des consommateurs en matière de protection.*

de façon plus nette :

- *Je le dirai nettement, cette solution est inacceptable...*

- *Nous ne nous attendions pas à une telle prise de position.*

On peut reprendre à son compte le mécontentement de l'un des participants, cela permet d'avoir une position moins isolée :

- *Je comprends l'irritation/la contrariété/la déception/les regrets/le mécontentement de mon collègue et je le (la) partage/et je ne suis pas loin de la partager (là vous prenez un peu de recul).*

Afin de terminer ce livre sur une note positive et cordiale, nous aborderons dans le dernier chapitre la satisfaction et les remerciements.

Satisfaction
and thanks

Occasions for expressing satisfaction are not that common, but when they occur, you must know how to welcome them. First of all, simply say :

● *I'm very happy/I'm satisfied.*

● *I'm quite/entirely/absolutely satisfied.*

More formally, you can put it as follows :

● *I am bound to express my satisfaction.*

● *We were most pleased to hear this news.*

● *We were delighted to hear of/We warmly welcomed the appointment of Mrs. X to the post of Branch Manager.*

● *We noted with the utmost satisfaction the government's recent intentions.*

● *I am pleased to note that this solution has been unanimously approved/satisfies everyone/meets with everyone's approval.*

● *It is a great pleasure to see that our efforts have paid off/ have been rewarded.*

● *We cannot but welcome the courageous position of our partners.*

Chapitre 7
Satisfaction et remerciements

Les sujets de satisfaction ne sont pas les plus fréquents mais quand ils sont là, il faut savoir les accueillir.

avec simplicité :

- *Je suis très content/je suis satisfait.*
- *Je suis tout à fait/pleinement/totalement/tout à fait satisfait.*

plus formel :

- *Je tiens à exprimer ma satisfaction.*
- *Nous avons appris cette nouvelle avec satisfaction.*
- *Nous avons accueilli la nomination de Madame X au poste de Directeur régional avec satisfaction.*
- *C'est avec une profonde satisfaction que nous avons pris note des récentes intentions du gouvernement.*
- *Je suis heureux de constater que cette solution fait l'unanimité/satisfait/plaît à tout le monde.*
- *Quelle joie de voir nos efforts aboutir/couronnés de succès.*
- *On ne peut que se féliciter de la position courageuse de nos partenaires.*

● *This measure complies with our wishes/aspirations/expectations/hopes/desires.*

Even when you have your reservations, it is sometimes a good idea to show satisfaction :

● *I believe that in the initial stage, we should welcome the adoption of these measures, but I'm worried that they will soon prove insufficient.*

● *While we welcome the setting up of these research departments, we nevertheless note that there is no real will to act.*

It is also in order to express thanks either to the other participants if their attitudes justify this, or to the organiser, if the meeting has been constructive.

● *I would like to thank you/I would like to express my thanks.*

● *Mr./Madam Chairman, I would like to thank you for inviting us to this meeting.*

● *I know I speak for all of us here when I extend our thanks to... (very formal).*

● *Thank you for being so understanding/for taking account of our concerns.*

● *Speaking on behalf of all my colleagues, I would like to thank/I would like to convey our thanks.*

● *Cette mesure répond à nos souhaits/à nos aspirations/à nos attentes/à nos espérances/à nos désirs.*

Même s'il y a des réserves, il est bon parfois de savoir marquer sa satisfaction :

● *Je crois que, dans un premier temps, on peut se féliciter de l'adoption de ces mesures mais j'ai peur qu'elles ne s'avèrent rapidement insuffisantes.*

● *Si nous nous félicitons de la création de ces unités de recherche, nous devons constater que la volonté d'agir concrètement n'est pas là.*

Il est également de bon ton d'adresser des remerciements soit aux autres participants soit à l'organisateur de la réunion quand celle-ci a été constructive ou si l'attitude de certains le justifie :

● *Je vous remercie/je tiens à vous remercier.*

● *Monsieur le président, je vous remercie de nous avoir invités à cette réunion.*

● *Je tiens à exprimer mes remerciements, partagés, j'en suis sûr par tous les autres participants.*

● *Je vous remercie d'avoir fait preuve de compréhension/ d'avoir tenu compte de nos préoccupations.*

● *Je me fais le porte-parole de mes collègues pour vous remercier/pour vous adresser nos remerciements.*

Test

1) Mr. Freeman has ...... me to attend this meeting as an observer.
2) The purpose of my talks is to .... the main reasons for the decision we have taken.
3) Very briefly, I'd like to describe the ...... to that decision and the ...... which led us to it.
4) I would like to ...... the main problems.
5) I would like to give the committee a ...... view of the present situation.
6) Before we begin to .... alternative solutions, I feel we should ...... and consider the advantages and disadvantages of the proposal in its present form.
7) The report on this year's budget is, of necessity, wide-......
8) I shall ...... on six or seven important issues.

ANSWERS

1) appointed 2) set out 3) background, rationale 4) outline 5) clear 6) look at, pause 7) ranging 8) focus.

Test autocorrectif

1) Je suis chargé d'assister à cette réunion ...... obser-
vateur.
2) En quels termes avez-vous l'intention d'...... ces négociations.
3) Des bruits ......, des rumeurs ...... que nos concurrents
ont des difficultés financières.
4) John a laissé ...... que la réunion pourrait être annulée.
5) Nous allons examiner les clauses de ...... avec la plus
grande attention.
6) Je me vois dans l'obligation de réagir, nous nous ......
complètement.

7) Malgré ses ......, cette étude est intéressante.

8) Nous sommes ...... à un problème grave.
9) Notre position n'est pas encore ......, il nous manque
des éléments d'information.
10) Je me fais le ...... de mes collègues pour vous remercier.

CORRIGÉS

1) en tant qu' 2) entamer 3) courent, circulent 4) entendre
5) sauvegarde, 6) fourvoyons, 7) lacunes 8) confrontés 9) arrêtée
10) porte-parole.

© Les éditions d'organisation

Contents

How to use this book 6

Introduction 10

PART I : **PRESENTING INFORMATION** 12

    Chapter 1 : STARTING OFF 16
    Chapter 2 : REPORTING 20
    Chapter 3 : CITING FACTS AND FIGURES 30
    Chapter 4 : REFERRING TO LEGAL DOCUMENTS 36
    Chapter 5 : ANALYSING 40
    Chapter 6 : FORECASTING 46
    Chapter 7 : COMMENTING 52

PART II : **RESPONDING** 60

    Chapter 1 : HOW TO TAKE THE FLOOR 64
    Chapter 2 : GIVING YOUR OPINION 72
    Chapter 3 : ASKING FOR CLARIFICATION / ASKING PROBING
                 QUESTIONS 78
    Chapter 4 : PROPOSING SOLUTIONS AND DEFENDING YOUR
                 VIEW POINT 86
    Chapter 5 : WELCOMING/OPPOSING PROPOSALS AND EXPRES-
                 SING RESERVATIONS 92
    Chapter 6 : EXPRESSING CONCERN, DISSATISFACTION AND
                 REGRET 100
    Chapter 7 : SATISFACTION AND THANKS 106

TEST AND ANSWERS 110

Sommaire

Comment utiliser ce livre 7

Introduction 11

PARTIE I : **PRÉSENTER DES INFORMATIONS** 13

Chapitre 1 : AU DÉBUT 17
Chapitre 2 : FAIRE UN RAPPORT 21
Chapitre 3 : CITER DES FAITS ET DES CHIFFRES 31
Chapitre 4 : SE RÉFÉRER À DES TEXTES JURIDIQUES 37
Chapitre 5 : FAIRE DES ANALYSES 41
Chapitre 6 : FAIRE DES PRÉVISIONS 47
Chapitre 7 : COMMENTER 53

PARTIE II : **RÉAGIR** 61

Chapitre 1 : COMMENT PRENDRE LA PAROLE 65
Chapitre 2 : DONNER SON OPINION 73
Chapitre 3 : POSER DES QUESTIONS / DEMANDER DES PRÉ-
CISIONS 79
Chapitre 4 : PROPOSER DES SOLUTIONS ET DÉFENDRE SON
POINT DE VUE 87
Chapitre 5 : ACCUEILLIR FAVORABLEMENT/DÉFAVORABLE-
MENT, AVEC RÉSERVE 93
Chapitre 6 : COMMENT EXPRIMER SON INQUIÉTUDE, SON
MÉCONTENTEMENT, SES REGRETS 101
Chapitre 7 : SATISFACTION ET REMERCIEMENTS 107

TEST AUTOCORRECTIF ET CORRIGÉS.............................. 111